...e pour le Doctorat.

par

Des Rotours (Robert-Eugène)

Paris 1857.

THÈSE
POUR LE DOCTORAT.

L'ACTE PUBLIC SUR LES MATIÈRES CI-APRÈS SERA SOUTENU,

le vendredi 3 juillet 1857, à dix heures et demie,

Par ROBERT-EUGÈNE DES ROTOURS.

Président : M. BRAVARD, professeur.

Suffragants :

MM. PELLAT,	
BONNIER,	Professeurs.
DURANTON,	
DEMANGEAT,	Prof.-Suppl.

Le Candidat répondra en outre aux questions qui lui seront faites sur les autres matières de l'enseignement.

PARIS.

CHARLES DE MOURGUES FRÈRES, SUCCESSEURS DE VINCHON,
IMPRIMEURS DE LA FACULTÉ DE DROIT,
Rue Jean-Jacques Rousseau, 8.

1857.

3511

33669

A MON GRAND-PÈRE.

INTRODUCTION.

Parmi les institutions romaines reproduites dans notre droit, celle qui concerne la transmission testamentaire des biens offre un vif intérêt. Personne n'ignore l'importance et la gravité du testament dans l'esprit et les habitudes du peuple romain ; et quand on parcourt l'ensemble des dispositions ingénieuses à l'aide desquelles le *paterfamilias* se préparait un héritier, on est frappé du caractère tout particulier de cette législation. La législation Germaine à laquelle nous avons emprunté l'un des éléments de notre civilisation présente un aspect tout opposé : là, point de testament ; ce n'est pas l'homme, c'est Dieu qui fait l'héritier ; ce n'est point l'amitié, c'est le sang qui succède. Nos vieilles coutumes reproduisent ce principe conservateur de la famille naturelle.

Et quand, après la chute de l'empire romain, après les luttes du moyen-âge et l'avénement des temps modernes, arrive l'ère de codification, on est étrangement surpris de retrouver encore avec leur physionomie propre et distinctive des institutions que l'on aurait pu croire éteintes et disparues dans la fusion des races et des intérêts séculaires. Je devrai, sans sortir de mon sujet, assister à la lutte suprême de ces deux législations et en constater le résultat.

Rechercher en droit romain *les conditions nécessaires à la validité de l'institution, quelles personnes pouvaient en être l'objet, de quelles modalités elle était susceptible.*

Etudier en droit français à *quelles conditions un legs est universel, quels droits il confère à celui qui en est l'objet, quelles obligations il lui impose.* Telle est la division de mon sujet.

DROIT ROMAIN.

DE L'INSTITUTION D'HÉRITIER.
(Liv. 28, tit. 5, au Dig.)

CHAPITRE Ier.

DE L'INSTITUTION D'HÉRITIER EN ELLE-MÊME.

L'institution d'héritier était cette partie du testament dans laquelle le testateur désignait la personne qui devait, au point de vue de son patrimoine, occuper la place laissée vacante par son décès. De sa validité ou de son infirmation dépendait le sort du testament entier, ce qui l'a fait appeler *caput et fundamentum totius testamenti*.

DE LA FORME DE L'INSTITUTION.

Primitivement, l'institution, pour être valable, devait être formulée en termes impératifs et solennels. La formule sacramentelle était celle-ci, « *Titius heres esto* » (Gaius, *comm.* 2, § 116). Déjà, à l'époque de ce jurisconsulte, d'autres formules avaient été admises. Lui-même nous cite comme valable celle dans laquelle le testateur eût dit : « *Titium heredem esse jubeo.* » Ulpien donnait aussi comme valable cette autre formule : « *Titius heres sit.* » Mais celles-ci : « *heredem instituo, heredem facio,* » étaient réputées non valables par la plupart des jurisconsultes (Ulpien, *reg. juris.*, tit. 21). L'empereur Constantin II coupa court à ces hésitations en supprimant, dans les institutions, toute nécessité de formules sacramentelles (Code, loi 15, *de test. et quemad. test. ordin*.).

L'omission d'un mot dans l'institution d'héritier ne la viciait pas. Si donc le testateur avait écrit seulement ces mots : « *Lucius heres,* » l'on sous-entendait le mot « *esto.* » Si l'institution portait ces mots : « *Lucius esto,* » l'on donnait la même décision. L'empereur Antonin décida, par un rescript, que si un testateur avait dit : « *Ille ex parte tota, ille ex tota,* » sans ajouter « *heres esto,* » une pareille institution serait valable (loi 1, § 5, *de hered. inst.*, au Dig.). Le même empereur a validé, par un rescript, l'institution suivante : « *Illa uxor mea esto.* » Julien se refusait à faire valoir une disposition ainsi conçue : « *Illum heredem esse.* » Ulpien désapprouve cette rigueur et veut que la volonté du testateur soit rendue efficace en sous-entendant « *jubeo* » (L. 1, § 6 et 7 *eodem*).

Que décider si le testateur n'avait écrit qu'un seul mot, « *Lucius,* » par exemple ? Le jurisconsulte Marcellus ne croyait pas qu'une pareille institution fût valable. Son opinion ne prévalut pas. Un rescript des empereurs Dioclétien et Maximien dit en effet qu'une erreur dans l'écriture ne peut porter atteinte à la validité du testament quand il paraît que le scribe n'a point écrit tout ce que le testateur lui avait dicté : décida, en conséquence, qu'une institution n'en sera pas moins valable, bien qu'il y manque les deux mots « *heres esto* » (Code, loi 7, *de testamentis*).

Mais il n'en fallait pas moins que la désignation de l'héritier fût claire et ne prêtât pas à équivoque. A cet effet l'on exigeait qu'elle fût faite expressément. Ainsi, de ce qu'un testateur eût mis des legs à la charge d'une personne, l'on n'en pouvait faire résulter pour elle la qualité d'héritier (Dig., L. 65, *de hered. inst.*). Mais il n'était point indispensable que le testateur eût employé le nom propre de l'héritier. S'il l'avait désigné par une dénomination qui le fît connaître clairement, pourvu que cette dénomination ne fût pas injurieuse, l'institution n'en était pas moins valable (L. 9, § 8, *de hered. instit.*). Il n'était pas douteux non plus que si un testateur, faisant un testament *nuncupatif*, avait dit, en montrant une personne présente : « que celui-là soit mon héritier, » une pareille institution n'eût dû être maintenue (L. 58, *de hered. instit.* au Dig.).

Toutes les fois que l'on ne voyait pas clairement qui le testateur avait voulu instituer, l'institution n'était pas valable. Si donc le testateur, ayant plusieurs amis du même nom, avait institué l'un d'eux en se servant de leur nom commun, et sans dire lequel il avait en vue, cette institution était inefficace, à moins que les preuves les plus évidentes ne montrassent sur lequel d'entre eux s'était portée sa bienveillance (L. 62, § 1, au Dig., *de hered. inst.*). Si la désignation de l'héritier institué devait être claire, la condition sous laquelle était faite l'institution ne devait pas l'être moins. Autrement l'on n'aurait pu savoir quand l'institué eût dû venir à la succession, conformément à la volonté du testateur, et l'institution se fût trouvée par là invalidée. Par application de ce principe, le jurisconsulte Marcellus décidait que s'il était prouvé que le testateur avait omis d'ajouter à l'institution une condition qu'il voulait y joindre, l'institution n'était point valable.

L'on ne pouvait savoir, en effet, dans ce cas, si l'institué devait venir à l'hérédité ni à quelle époque, puisque l'on ignorait l'évènement auquel le testateur avait subordonné sa vocation (L. 9, § 5, *de hered. inst.*).

Pour qu'une institution d'héritier fût valable, il ne suffisait pas qu'elle contînt la désignation d'un héritier, il fallait de plus, le bon sens l'indique, que le testateur ait voulu avoir pour héritier celui qui s'y trouvait désigné. Si donc une personne qui voulait avoir pour héritier Primus avait, par erreur, désigné dans son testament Secundus, celui-ci ne serait pas héritier (Dig., L. 9, § 7, *de hered. inst.*).

L'erreur sur l'une des qualités essentielles et constitutives de la personne, invalidait-elle l'institution aussi bien que celle sur l'identité même de l'individu? Peut-être, dans l'ancien droit romain, n'invalidait-elle point la disposition. Une constitution de l'empereur Gordien, rapportant un rescrit des empereurs Sévère et Antonin, déclare qu'il ne faut point laisser la succession à celui que le testateur n'a institué qu'en contemplation d'une qualité qui ne lui appartenait pas, et sans laquelle il ne l'eût pas désigné dans son testament (L. 4, au Code *de hered. inst.*). Que si le testateur lui-même, ou le scribe écrivant sous sa dictée, avait commis quelque méprise, et que cette méprise fût bien prouvée, on s'efforçait de la réparer, tout en respectant, bien entendu, la règle qui exigeait que l'institution fût faite par écrit ou du moins verbalement, si le testateur avait fait un testament *nuncupatif* (L. 9, § 1, 2 et 4, *de hæred.-inst.*, Dig.).

DE LA PLACE QUE L'INSTITUTION DEVAIT OCCUPER DANS LE TESTAMENT.

Dans l'ancien droit, l'institution devait être en tête du testament. Toute autre disposition testamentaire qui la précédait était inefficace ; ce qui a fait dire à Ulpien que la force du testament commençait à l'institution (Ulp., *reg. jur.*, tit. 24, § 15). Toutefois, des restrictions furent apportées à cette règle. L'empereur Trajan permit de faire avant l'institution une exhérédation nominative (L. 51, au Dig. *de hered. inst.*). Les Proculéiens décidaient également qu'une nomination de tuteur pourrait valablement la précéder, par la raison qu'un pareil acte ne dispose d'aucune fraction de l'hérédité (1). Il fut aussi admis, par le même motif, qu'une substitution vulgaire pourrait précéder

____

(1) Néanmoins les Sabiniens ne l'admettaient pas. Gaïus comm. 2, § 231.

valablement l'institution (Dig., L. 28, *de hered. inst.*).

Toutes autres dispositions devaient venir après elle. Seulement, dit Paul, l'on peut faire des legs entre différentes institutions; et ils seront valables pourvu que l'un ou l'autre des institués fasse adition (Sentences de Paul, liv. 3, tit. 6, § 2). Justinien abrogea cette nécessité (Inst., tit. *de legatis*, § 34), et après lui l'institution fut suffisante en quelqu'endroit d'ailleurs qu'elle se trouvât dans le testament. En conséquence, les legs et toutes autres dispositions purent valablement la précéder.

CHAPITRE II.

Quelles personnes pouvaient être instituées.

1. Ulpien nous dit, dans ses Fragments, titre 20, § 1, qu'un testateur peut instituer ceux avec lesquels il a faction de testament : « *Hæredes institui possunt qui testamenti fac-* « *tionem cum testatore habent* ». En supposant que le testateur fût (1) citoyen romain et capable d'avoir un testament, recherchons quelles personnes n'avaient point avec lui *factio testa-*

______

(1) Je suppose de plus qu'il est non militaire, *paganus*. Car les militaires jouissaient quant à leurs testaments de priviléges en dehors de droit commun, dont je n'ai point à m'occuper.

menti. Leur énumération complète nous dira suffisamment quelles étaient celles'qu'il pouvait instituer.

SECTION 1re.

Des incapacités d'être institué.

Une règle qui se présente tout d'abord en cette matière et qui s'est perpétuée aux diverses époques du droit romain, c'est qu'un citoyen romain ne pouvait valablement dans son testament instituer un étranger (Loi 6, § 2, au D., *de hered. inst.* ; L. 1, au Cod., *de hered. inst.*).

Le motif s'en voit facilement : Rome si éminemment jalouse de son droit civil ne pouvait permettre à un étranger, *peregrinus*, de continuer la personne d'un de ses citoyens et, à ce titre, de recevoir tous les biens qu'il laisserait à son décès.

Étaient compris dans la catégorie des étrangers, *peregrini*, les alliés latins, *socii latini*, dans les premiers siècles de Rome. Ils jouissaient du droit de cité romaine dans la limite de la concession qui en avait été faite à la cité dont ils étaient membres. En conséquence, ils avaient souvent le *commercium*, mais jamais la *factio testamenti* (M. Ortolan, Histoire de la législation rom., pag. 168, 3e éd.).

Il faut encore ranger dans cette classe les

peregrini proprement dits, c'est-à-dire les étrangers se trouvant à Rome, dont la patrie était soumise à sa domination mais n'était point admise au droit de cité ; les *hostes* dont la nation n'était point encore soumise à sa domination ; enfin, les *barbari* qui étaient encore en dehors des limites de la géographie et de la civilisation romaine (M. Ortolan, *eodem*).

Cette incapacité des étrangers s'est maintenue aux diverses époques du droit romain ; seulement l'usage des *fidéicommis* lui fit perdre une partie de son importance. Car ils permirent de faire par voie détournée ce que jusque-là on ne pouvait faire directement (1). Caracalla diminua d'ailleurs sensiblement cette classe d'incapables en conférant le titre de citoyen romain à tous les sujets de l'empire.

A la règle que l'on ne pouvait instituer les étrangers se rattache l'incapacité des déditices. Bien que libres, en effet, ils n'étaient pas citoyens. Justinien leur donna cette qualité et fit, par là même, disparaître l'incapacité qui les frappait (Ulpien, Fr., titre 21, § 2 ; Gaius, Com. 1, § 25).

Certaines peines entraînaient comme acces-

---

(1) L'empereur Adrien prohiba toutefois les fidéicommis, qui se fussent adressés à des étrangers. (Gaius, comm. 2, § 285).

soire l'incapacité d'être institué : ainsi la dé‑
portation (1). Celui qui en était frappé perdait la
factio testamenti. Il devenait, en effet, étranger
à la cité romaine (L. 1, au Code, *de heredibus
instituendis*).

Les esclaves de la peine ne pouvaient non
plus être institués (L. 28, *de acq. vel omitt.
hered.*, Dig.). Et cela pour deux raisons. En effet,
d'abord ils étaient esclaves et n'avaient pas de
maître dont ils pussent emprunter la capacité
(L. 3, au Digeste, *de his quæ pro non scriptis*).
De plus, ils avaient perdu la cité et leur titre
d'étranger défendait à lui seul qu'on les ins‑
tituât. Aussi la Novelle dans laquelle Justinien
décida que les condamnations, qui jusque‑là
entraînaient servitude de la peine, ne pro‑
duiraient plus cet effet, n'apporta, quant au
point qui nous occupe, aucun changement dans
la situation des condamnés. L'esclavage de la
peine était l'accessoire des condamnations à
mort (*ad gladium, ad bestias*), aux mines (*ad
metallum, ad opus metalli*). Il avait pour effet
de rendre ceux qu'il frappait ἀπόλιδες, sans cité.
(Loi 17, *de pœnis*, au Dig.).

Il faut assimiler aux étrangers les transfuges

---

(1) La relégation n'avait pas le même effet : Ovide, en effet,
tout relégué qu'il était, pouvait dire encore : *nec mihi jus
civis, nec mihi nomen abest.*

qui par leur défection avaient abdiqué la qualité de romain.

L'institution du citoyen romain captif des
ennemis, s'il meurt pendant sa captivité, ne
saurait devantage produire d'effet, puisqu'elle
ferait passer les biens du défunt aux mains
d'un ennemi (L. 32, *de hered. inst.*, § 1, *a
contr.*, Dig.).

Que le législateur permette à une personne
de disposer de ses biens pour le temps où elle
ne sera plus, et qu'il se charge, après sa mort,
de l'exécution de ses dernières volontés, c'est
de la part du législateur une faveur assez
grande pour qu'il exige que la volonté de la
personne qui fait un testament soit sérieuse;
qu'elle soit motivée par le mérite qu'à tort ou
à raison elle croit trouver dans la personne
qu'elle institue.

De là résultait l'incapacité des personnes
incertaines, c'est-à-dire de celles dont le testateur ne pouvait se faire une idée précise et
partant sur le mérite ou le démérite desquelles
il n'avait pu s'édifier. Ulpien (titre 22, § 4,
regulæ juris), nous signale tout à la fois
cette incapacité et nous en donne le motif :
« *Incerta persona heres institui non potest, quia
consilium debet esse certum testantis* ».

Ainsi la disposition par laquelle le testateur
eût institué le premier qui viendrait à ses fu-

nérailles, celui qui serait nommé consul eût été sans effet. Que si le testateur avait restreint cette vocation à un certain nombre de personnes et eût dit, par exemple : « Que celui de mes frères qui arrivera le premier à mes funérailles soit mon héritier, cette disposition eût été valable.

N'était point non plus réputée institution de personne incertaine celle par laquelle un testateur eût institué une personne qu'il ne connaissait pas ; par exemple, un neveu voyageant dans des pays lointains et qu'il n'aurait jamais vu (L. 1, au Code, *de hered. instit.*).

Le testateur pouvait se faire de sa personnalité et de son mérite une idée déterminée et cette condition était suffisante.

Dans la catégorie des personnes incertaines, nous devons ranger les posthumes, c'est-à-dire, les individus qui ne sont pas encore nés (Gaius, Com, 2, § 242). Il n'est pas douteux, en effet, que le testateur ne peut se faire une idée précise de la personnalité et du mérite de celui qui est encore dans les futurs contingents.

Gaius divisait les posthumes en deux classes : les posthumes siens et les posthumes externes (Comm, 11, § 141).

La circonstance que le posthume, s'il était né, eût été ou non héritier du testateur, décidait laquelle de ces deux qualités il y avait lieu de lui donner. « *Est autem alienus posthumus*, dit Gaius, *qui natus inter suos heredes testatori futurus non est.* »

Primitivement tous les posthumes, pas plus les *sui* que les externes, ne pouvaient être l'objet d'une disposition testamentaire. Cette prohibition, en ce qu'elle concernait les *sui*, exposait plus d'un Romain à mourir *intestat*. Ce devait être le sort de tout homme qui mourrait laissant enceinte sa femme ou sa bru déjà veuve au moment de sa mort, et que l'une ou l'autre accouchât après son décès (1). L'enfant à naître, en effet, ne pouvait être institué ; d'autre part, aucune autre constitution n'était valable, car le posthume ne pouvant être exhérédé, le testament tombait faute de la condition indispensable à sa validité de l'exhérédation des héritiers siens. Le Romain mourant dans cette position, se trouvait donc forcément mourir *intestat*. On comprend combien une pareille situation devait révolter les idées romaines.

Les jurisconsultes, frappés de ces inconvénients, réputèrent déjà nés, au moment de la confection du testament, les posthumes siens, c'est-à-dire ceux qui, s'ils avaient vécu à cette époque, eussent été sous la puissance immé-

_____

(1) Chez nous, pour que la naissance d'un enfant produise des effets juridiques, il faut qu'il naisse vivant et viable. A Rome, la première de ces deux conditions suffisait.

diate du testateur, et permirent en conséquence de les instituer ou de les exhéréder.

Aquilius Gallus, jurisconsulte des derniers temps de la république, ne s'en tint pas là : il nous a laissé une formule (L. 29, *de liberis et posthumis*), qui permettait d'instituer des posthumes qui, en les supposant nés au moment de la confection du testament, ne se fussent pas trouvés sous la puissance immédiate du testateur (1), mais qui pouvaient y arriver dans la suite, par exemple, le petit-fils à naître d'un fils vivant encore. Cette formule consistait à ne faire qu'une institution conditionnelle pour le cas où, avant la mort du testateur, cet enfant conçu ayant perdu son père, devrait naître après le décès du testateur *sui juris* et *suus heres* (2) (Dig., L. 29, *de lib. et post.*)

---

(1) C'est cette dernière condition qui différencie les posthumes siens proprement dits des posthumes Aquiliens. Que si en instituant un posthume Aquilien, le testateur avait omis d'y ajouter cette condition : « Si son père prédécède, » le jurisconsulte Scævola nous dit qu'il faut la sous-entendre (Dig., L. 29, *de liberis et posthumis*).

(2) Les posthumes dont nous avons parlé jusqu'ici et que de l'avis des jurisconsultes et d'Aquilius Gallus l'on pouvait instituer, étaient ceux qui naissaient après la mort du testateur. On comprend que ce soit d'eux que la législation se soit occupée d'abord. En effet, comme ils rompaient le testament après la mort du testateur, c'était un mal irréparable.

La loi Junia Velleia portée dans les dernières années d'Auguste (an 763 de la fondation de Rome), fut plus loin encore : cette loi contenait plusieurs chefs.

Le premier chapitre de cette loi permettait au testateur d'instituer les posthumes qui lui naîtraient avec la qualité d'héritier sien dans l'intervalle qu'il peut y avoir entre la confection du testament et la mort du testateur, et dont l'agnation comme héritiers siens eût, sans cette précaution, inévitablement rompu le testament (Fragments d'Ulpien, titre 22, § 19, L. 29, § 12, *de liberis et posthumis*).

Le second chapitre de cette loi était relatif aux descendants du testateur qui, déjà nés au moment de la confection du testament, mais n'étant point encore les héritiers siens du testateur, viendraient à acquérir cette qualité, par suite de la sortie de la famille de leur père qui, jusque-là, les précédait en degré et les empêchait d'être héritiers siens. Cette hypothèse se réalisant, le testament était infirmé, quelques précautions qu'ait d'ailleurs prises le testateur.

Le deuxième chef de la loi Junia Velleia donna au testateur la possibilité de soustraire son testament à ce danger d'infirmation. Elle ne permit pas au testateur, dans la prévoyance de ce cas, d'instituer ses descendants, puisqu'il pouvait (1) déjà le faire régulièrement ; mais elle décida que leur quasi-agnation ne romprait plus le testament dans lequel ils étaient institués (L. 29, § 13 et 14, *de liberis et posthumis*).

Cette loi permit aussi de les exhéréder (Instituts de Justinien, *de exheredatione liberorum*, § 2).

Ces deux dernières catégories de personnes, par suite de leur assimilation à la condition des posthumes, reçurent le nom de quasi-posthumes ou posthumes Velléiens.

---

(1) Avant la loi Junia Velleia, les descendants du testateur, mais qui ne se trouvaient pas encore sous sa puissance immédiate, pouvaient être par lui valablement institués en ce sens que le testament était *justum*, c'est-à-dire valable *ab initio*; mais il n'en faudrait pas conclure que le testament n'eût pas été rompu (*ruptum*) par la quasi-agnation de l'institué arrivant sous la puissance immédiate du testateur. Je suppose qu'ayant mon fils en puissance et un petit-fils né de lui, j'exhérède mon fils et institue mon petit-fils, cette institution est valable *ab initio*. Mais si mon fils meurt de mon vivant, mon testament sera rompu par la quasi-agnation de mon petit-fils qui arrive sous ma puissance immédiate. L'institution dont il est l'objet n'empêche pas ce résultat. Je l'ai institué il est vrai, mais non comme *suus heres*. Cette qualité par lui acquise rompt mon testament. Cette conclusion est un peu subtile. Mais elle est conforme aux principes (Gaius, comm. II, § 140). La loi Junia Velleia a réformé ce point : après elle, l'institution du petit-fils n'en reste pas moins valable quand son père est sorti de la famille. C'est en ce sens que j'entends ces expressions du jurisconsulte Scévola : *non permittit institui sed vetat rumpi* (Loi 29, § 18, *de lib. et post.*).

Notons enfin les posthumes Juliens, c'est-à-dire ceux qui naissent après la confection du testament, mais non encore sous la puissance immédiate du testateur, à laquelle seulement ils pourront être soumis plus tard. Ils ne rentraient précisément ni dans l'un ni dans l'autre des deux chefs de la loi Velleia. L'on permit, cependant, de les instituer, d'après l'autorité du jurisconsulte Julien, qui leur a donné son nom.

Restaient les posthumes externes. Le droit civil ne permit jamais de les instituer (Gaius, comm. ii, § 242). L'empereur Adrien défendit même de leur laisser des fidéicommis (Gaius, comm. ii, § 287). Toutefois, les institutions faites en leur faveur n'étaient point dénuées d'effet; le préteur les confirmait en donnant aux institués une possession de biens (Inst. pr., *de bonorum possessionibus*. L. 3, *de bonorum possessionibus secundum tabulas*).

Justinien, dans une constitution rappelée aux Instituts, § 26 et 27, *de legatis*, et dans le *proœmium* du titre *de bonorum possessionibus*, confirme ce qui n'était jusque-là efficace que par le secours du préteur, et, après lui, l'institution du posthume externe devient pleinement valable.

Ulpien nous dit qu'un testateur n'eût pu instituer une ville ou ses habitants, *municipes nec municipia* (tit. 22, § 5, *de regulis juris*). Il en donne comme raison qu'ils ne sauraient faire adition par crétion (1), et ne pourraient, non plus, faire acte d'héritier (2). Cependant, un sénatusconsulte, dont Ulpien ne nous donne pas le nom, mais que Pothier croit être le sénatus-consulte Apronien et place sous le règne de l'empereur Adrien, avait déjà amélioré la condition des *municipes*. Il permettait, en effet, aux villes d'être instituées directement par leurs affranchis, et de recevoir, d'ailleurs, de toute personne par fidéicommis.

Dans la suite, l'institution des villes fut dégagée de toute entrave. Tout testateur put valablement les instituer. Cela résulte d'un rescript de l'empereur Léon qui forme la loi 12 au Code *de heredibus instituendis*.

De même que les cités, les corporations ne pouvaient primitivement être instituées. Mais le droit ne resta pas non plus stationnaire sur ce point. Au temps de Dioclétien et Maximien, certaines corporations avaient reçu la capacité d'être instituées (L. 8, au Code *de heredibus instituendis*). Ce n'était alors qu'un privilége

---

(1) Pothier fait observer que la crétion étant un *actus legitimus* (L. 77, *de regulis juris*), ne saurait être fait par un mandataire; et que partant un syndic ne pourrait faire crétion au nom de la ville instituée.

(2) *Pro herede gerere*, d'après la rectification de Cujas.

spécial. Justinien en fit le droit commun, et, en conséquence, toute corporation, pourvu qu'elle fût reconnue (*licita*), put recevoir par testament comme une personne ordinaire (loi unique au Code *de incertis personis*).

La raison qui empêchait d'instituer les cités et les corporations défendait d'instituer les dieux et leurs temples. Car ils n'eussent pu, non plus, faire adition. Peut-être, sur ce point, les Romains étaient-ils heureux de couvrir de la rigueur des principes juridiques, une mesure d'intérêt public qui empêchât les biens des particuliers de se concentrer entre les mains des colléges sacerdotaux de leurs nombreuses divinités. Quel qu'en ait été d'ailleurs le motif, nous voyons cette incapacité des dieux exister encore en principe au temps d'Ulpien. Toutefois, de nombreuses exceptions y avaient déjà été apportées par des sénatusconsultes ou des constitutions impériales, qui permettaient d'instituer certains dieux dont les temples étaient de la part des populations, l'objet d'un culte particulier.

Les empereurs chrétiens se montrèrent plus généreux encore : ils permirent d'instituer Jésus-Christ, et, en ce cas, l'hérédité était recueillie par l'église du lieu qu'habitait le testateur. Il fut permis également d'instituer un ange et un martyr, si une église de la localité où du voisinage était sous son invocation, c'était à elle à recueillir la succession. S'il y en avait plusieurs, c'était celle à laquelle le défunt se rendait le plus souvent; et, à défaut de ce dernier indice de sa volonté, la plus pauvre recueillait la succession (loi finale au Code *de sacrosanctis eccles.*).

Les pauvres ne pouvaient, non plus dans le droit ancien, être l'objet d'une institution valable. Des constitutions des empereurs chrétiens le permirent, et Justinien décida, en conséquence, que quand un testateur aurait institué les pauvres pour héritiers, sa succession serait recueillie par l'hôpital du lieu qu'il habitait; que s'il y avait plusieurs hôpitaux, ce serait le plus pauvre, de l'avis de l'évêque et de son clergé. A défaut d'hospice dans le lieu qu'habitait le testateur, ses biens devaient être distribués aux pauvres par l'évêque et l'économe de l'église.

Justinien établit également qu'un testateur pouvait valablement instituer les captifs. L'hérédité devait être, en ce cas, recueillie par l'évêque, et le prix en être employé à racheter des captifs (L. 49 au Code *de episcopis et clericis*).

Au temps où le testament *per æs et libram* était en usage, la nécessité d'un échange réciproque de paroles dans la mancipation rendit le sourd et le muet incapables d'être institués. Cette incapacité ne survécut pas à la forme de testament qui l'avait produite (loi 1, § 2, *de hered. inst.*).

Il faut ranger dans la classe des incapables les femmes depuis la loi Voconia (1). Cette loi ne frappait pas les femmes d'une incapacité absolue, elle défendait seulement aux personnes ayant une fortune de 100,000 as et au-dessus d'instituer une femme pour héritière (Gaius, comment. 11, § 274). Les vestales étaient exceptées de cette prohibition en un double sens : quelle que fût leur fortune, elles pouvaient instituer une femme dans leur testament. De plus, elles pouvaient être instituées par un testateur lors même que sa fortune eût dépassé 100,000 as (Cicéron, *de republica*, livre III, chap. 5). Montesquieu, dans son Esprit des lois, se plaçant à un point de vue trop exclusif, voit dans cette disposition législative une loi pure-

---

(1) C'est à tort que cette disposition législative a été qualifiée de loi. C'est en effet un plébiscite qui fut rendu en l'an 585 de Rome, sur la proposition du tribun Voconius Saxa et à l'instigation de Caton le Censeur. Cicéron nous l'apprend dans son Traité *de Senectute*, ch. V. Il met Caton en scène; celui-ci, pour prouver que les vieillards sont encore propres aux affaires publiques, dit qu'à l'âge de soixante-cinq ans il a fait passer ce publiciste grâce à la force de ses poumons. Comme la date de la naissance de Caton était connue, cette indication a permis de fixer l'époque de la loi Voconia.

ment somptuaire, destinée à prévenir la concentration des biens entre les mains des femmes, concentration qui aurait pour effet d'augmenter le luxe dans l'État. Ce but de la loi Voconia n'était pas le seul. Elle avait deux autres buts : d'abord resserrer les liens de la discipline domestique que l'opulence des femmes tendait à relâcher, au sens de Caton ; et puis conserver dans les familles nobles les fortunes patrimoniales. A l'époque où cette loi fut rendue, en effet, la femme pouvait encore passer *in manu mariti* (1). Celui-ci acquérait par là tous ses biens qu' . transmettait à sa propre famille.

Aulu-Gelle (Nuits attiques, tit. 20, chap. 1er), nous dit que de son temps la loi Voconia était tombée en désuétude ; Gaius nous dit au contraire qu'elle s'appliquait encore. Les preuves font défaut pour statuer sur ces allégations contradictoires. L'on peut cependant regarder comme probable que si ces deux auteurs semblent en contradiction sur le point de savoir si la loi Voconia s'appliquait encore de leur temps, cela tient à ce qu'ils avaient en vue des dispositions différentes de cette loi. Quoi qu'il

____

(1) Que si la femme ne passait pas *in manu mariti*, alors se présentait l'autre inconvénient : de laisser des richesses entre les mains de la femme, ce qui pouvait troubler la paix domestique.

en soit, du reste, l'usage des fidéicommis qui s'introduisit après Auguste servit à rendre illusoire cette incapacité qui, à partir de ce moment, dut tendre à disparaître, et dont il ne reste plus qu'un souvenir en partie effacé au temps de Justinien.

Le zèle de certains empereurs chrétiens pour l'orthodoxie leur firent ajouter d'autres incapables à ceux que nous venons d'énumérer. Certaines sectes d'hérétiques (Donatistes et Manichéens) ne peuvent être instituées (loi 4 au Code *de hereticis et manicheis*).

Les apostats furent frappés de la même incapacité (loi 3 au Code *de apostatis*.)

La tendance de cette époque de l'empire qui semblait vouloir tout immobiliser en quelque sorte et attachait de père en fils le colon à la terre, le soldat à la profession des armes, le décurion au fardeau de la curie (1), se manifeste en cette matière d'une façon plus odieuse encore ; elle introduit l'hérédité du châtiment. Le crime de lèse-majesté rejaillit sur les fils du coupable (*filii perduellum*). Les constitutions impériales sont pour lui impitoyables. « Il faut que sa vie entière, disent-elles, soit un supplice et la mort son seul espoir de déli-

---

(1) *Gleba senatoria,* comme l'appellent des auteurs du temps.

vrance. » Par application de ces dispositions rigoureuses, il est incapable de recevoir aucune succession (Code, loi 5, § 1er, *ad legem Juliam majestatis*).

La loi 6 au Code de *incestis nuptiis* frappe les enfants incestueux et leurs parents d'une incapacité réciproque de s'instituer.

De même que les incestueux, les enfants naturels ne pouvaient être institués par leurs auteurs. Seulement l'incapacité dont ils étaient frappés n'était que partielle. Si le testateur laissait soit sa mère, soit un ou plusieurs enfants légitimes, ou des petits-enfants, ou des arrières-petits-enfants légitimes, il ne pouvait instituer son enfant naturel que jusqu'à concurrence de un douzième (Code, loi 2, *de natur. liberis*). La Novelle 89 apporta un adoucissement à la position des enfants naturels, en effaçant la mère du testateur de la catégorie des personnes dont la présence créait pour l'enfant naturel une incapacité des onze douzièmes.

Dans les mêmes conditions, la mère de l'enfant naturel ne pouvait être instituée par son concubin que jusqu'à concurrence de un vingt-quatrième.

Enfin le conjoint d'un époux qui a convolé en secondes noces, ayant des enfants d'un premier lit, fut aussi déclaré incapable d'être institué par celui-ci au delà d'une certaine quotité (loi 6 au Code *de secundis nuptiis*).

SECTION II.

Des incapacités de recueillir.

Nous avons énuméré jusqu'à présent les personnes qui ne pouvaient être instituées, parce qu'il leur manquait ce que les commentateurs ont appelé la *factio testamenti* passive. Il était d'autres personnes dont l'institution était sans effet, parce que bien qu'elles eussent la *factio testamenti*, il leur manquait le *jus capiendi*. Il ne faut point confondre ces deux incapacités. L'effet en était très-différent : l'institution qui avait pour objet une personne n'ayant pas la *factio testamenti*, était nulle *ab initio*, quelques changements d'ailleurs qui aient pu survenir dans l'état de cette personne. Au contraire, quand une personne n'ayant pas le *jus capiendi* était instituée, son institution n'en était pas moins valable *ab initio* et elle produisait son effet, si l'institué se trouvait avoir le *jus capiendi* au moment de la mort du testateur, ou dans le délai de la crétion (Ulpien, titre XVII, § 1er, et titre XXII, § 3).

Étaient privés du *jus capiendi*.

1° Les latins Juniens.

XI. La loi *Ælia Sentia*, rendue sous Auguste, exigeait pour que l'affranchissement d'un esclave en fît un citoyen romain certaines conditions, tant dans le mode de l'affranchissement et la personne de l'esclave que dans celle du maître qui l'affranchissait. L'esclave à l'affranchissement duquel manquait une de ces conditions était appelé *latin Junien*, de la loi *Junia Norbana*, qui réglait sa position. Il pouvait être valablement institué ; mais, pour que cette institution produisît son effet et qu'il pût en recueillir l'émolument, il fallait qu'au moment de la mort du testateur ou, au plus tard, pendant le délai de la crétion, il fût devenu citoyen romain (1).

2° Les célibataires et les orbi.

XII. Les lois *Julia* et *Papia Poppœa* rendues vers la même époque augmentèrent la classe des incapables de recueillir. Pour que l'héritier institué pût recueillir la succession toute entière, ces lois exigeaient qu'il fût père au moment de la mort du testateur ou dans le

---

(1) Il résulte du § 27, tit. 22 des fragments d'Ulpien, que le délai ordinaire de la crétion était de cent jours.

délai de la crétion. S'il était marié à cette époque, mais sans enfant, il pouvait recueillir la moitié de la succession. Que s'il n'était à ce moment ni mari, ni père, il n'en pouvait rien recueillir, à moins qu'il ne fût dans la classe des personnes exceptées de ces dispositions (1).

Les fils de Constantin abrogèrent les lois caducaires en ce qu'elles frappaient le célibat (loi unique au Code de *infirmandis pœnis cœlibatus*). L'on y peut voir l'effet de l'avènement de la religion chrétienne sur le trône impérial.

Les derniers restes de ces lois sont abrogés par Justinien, dans la loi unique au Code de *caducis tollendis*.

En donnant l'énumération complète des personnes qui ne pouvaient être instituées, nous avons fait connaître par là même celles qui en étaient capables. Ce sont tous les citoyens romains qui, n'étant atteints par aucune des incapacités que nous avons énumérées, se trouvaient avoir avec le testateur la *factio*

---

(1) Ces personnes exceptées étaient : 1° les cognats du testateur jusqu'au septième degré; 2° toutes personnes qui avait moins de vingt-cinq ans. La loi, en effet, ne pouvait leur en vouloir de n'être encore ni mariés ni pères. Ces personnes avaient le *jus capiendi* mais non celui de *caduca vindicandi*. L'on m'excusera, j'espère, de ne pas m'étendre ici plus longuement sur cette matière qui ne rentre pas complétement dans mon sujet. Je m'y arrêterai plus loin à propos du droit d'accroissement.

testamenti, et puis les esclaves, pourvu que, s'ils n'appartenaient pas au testateur, celui-ci eût avec leur maître la *factio testamenti*. L'institution de ces derniers présentant des particularités curieuses, je m'y arrêterai spécialement. Je vais examiner auparavant toutefois, en supposant qu'un incapable d'être institué l'ait été en fait, quel sera l'effet d'une semblable institution, ou plutôt qui profitera de sa défaillance.

SECTION III.

En supposant qu'un testateur ait désigné dans son testament comme héritier un incapable d'être institué, quel sera le résultat d'une semblable disposition ?

Avant de répondre à cette question, il y a lieu de se demander tout d'abord si les incapacités d'être institué s'appliquaient aux institutions conditionnelles aussi bien qu'aux institutions pures et simples; en d'autres termes, si, en supposant qu'un incapable, un déporté, par exemple, ait été institué conditionnellement et puis qu'il soit devenu capable au moment de l'avènement de la condition, cette institution ne produirait pas son effet.

Doneau (*de jure civili*, livre VI, ch. XVII, § 4) décide cette question affirmativement et invoque à l'appui plusieurs arguments. Il se fonde d'abord sur la loi 62 *de heredibus instituendis.* Ce texte qui appartient au jurisconsulte Modestinus, est ainsi conçu : « *In tempus capiendæ hereditatis institui heredem posse benevolentiæ est : veluti Lucius Titius cum capere potuerit heres esto; idem in legato.* » Doneau conclut de cette loi qu'en manifestant la volonté de se reporter seulement à l'époque de la délation de la succession, le testateur rendait non indispensable la capacité dans la personne de l'institué au moment de l'institution. Il voit, en effet, dans la loi 62, l'application d'une règle plus générale encore, contenue dans la loi 4 *de regula Catoniana : « Placet Catonis regulam ad conditionales institutiones non pertinere.* »

Doneau invoque enfin la loi 82 *de acquirenda vel omitt. hereditate.* Cette loi suppose qu'un esclave a été institué héritier et que le maître qu'il avait au moment de son institution était incapable de recueillir (*capere*), puis avant d'avoir fait adition cet esclave est aliéné ou affranchi et son nouveau maître ou lui-même, dans la dernière de ces deux hypothèses, se trouve capable en tout ou en partie au moment de la mort du testateur ou dans le délai de la crétion. En ce cas, l'hérédité est par eux recueillie dans la mesure de leur capacité. Doneau voit encore là une application de la règle qu'il tire de la loi 4 *de regula Catoniana.* Car, dans toute institution d'esclave se trouve, dit-il, une condition sous-entendue, à savoir que l'hérédité ira au maître qu'il a actuellement, s'il reste dans le même état; à son nouveau maître, s'il est aliéné, ou qu'il la recueillera pour lui-même, s'il est affranchi. C'est sur ces arguments que Doneau appuie son opinion. En examinant ces différents textes, peut-être serait-il possible d'en tirer une conclusion autre que celle que Doneau y prétend être contenue. Et d'abord la loi 62 *de heredibus instituendis* est peut-être par lui étendue au-delà de ses termes. Cette loi ne dit pas, en effet : « *cum institui potuerit* » mais bien « *cum capere potuerit.* » Elle peut donc être interprétée comme s'appliquant aux incapacités de recueillir et non aux incapacités d'être institué. De plus, le jurisconsulte présente la décision comme étant toute de faveur ; « *benevolentiæ est* » dit-il, en effet. Il s'ensuit que l'on n'y peut voir l'application d'un principe général.

Quant à la loi 4 de *regula Catoniana* qui porte « *Catonis regulam ad conditionales institutiones non pertinere,* » elle serait décisive si, comme le pense Doneau, elle signifiait que la règle Catonienne ne s'applique pas aux institutions conditionnelles, ou en d'autres termes que quand l'institution est conditionnelle, il n'est pas nécessaire que l'institué soit capable au moment de la disposition. Mais tel ne paraît pas être le sens de la loi 4 *de regula Catoniana*. En effet, si la capacité était requise au moment de l'institution dans la personne de l'institué, ce n'était point l'effet de la règle Catonienne qui ne s'appliquait pas aux institutions, pas plus aux institutions pures et simples qu'aux institutions conditionnelles. Cela tenait aux formes primitives des testaments.

Quand il se faisait avec l'appareil d'une loi devant les comices assemblés, il était nécessaire que l'héritier qui devait s'y présenter eût à ce moment le droit de cité. Il le fallait aussi dans la première forme du testament *per æs libram*, pour qu'il pût intervenir dans la mancipation, y jouer le rôle d'*emptor familiæ*. « Les formes changèrent ; la nécessité en fait disparut, mais le principe juridique resta (1). »

Il n'est donc point nécessaire d'avoir recours à la règle Catonienne pour expliquer que la condition de capacité était nécessaire dans la personne de l'institué au moment de l'institution.

Au contraire, la loi 3 de *regula Catoniana* dit

---

(1) M. Ortolan, Explication historique des Instituts, l. II, t. XIX, § 4.

que la règle Catonienne ne s'applique pas aux hérédités, et qu'elle ne s'applique pas non plus aux legs dont le *dies cedit* n'a pas lieu au moment de la mort du testateur. Cette dernière partie de la loi 3 nous donne l'explication de la loi 4. Ces mots « *Catonis regulam ad conditionales institutiones non pertinere* » doivent dès lors s'entendre en ce sens que les legs, dont une hérédité conditionelle est grevée, ne sont pas soumis à la règle Catonienne ; ce qui est tout à fait conforme à ce que dit la loi 3 de *regula Catonana.*

Quant à l'argument que Doneau tire de la loi 82 *de acquirenda vel omitt. hereditate*, il faut observer que cette loi empruntée a un traité sur les lois caducaires, s'applique non aux incapacités d'être institué, mais à celle de recueillir, comme l'indique la source d'où elle provient. De plus, la condition que Doneau dit virtuellement contenue dans l'institution, ne saurait rendre, il me semble, l'institution conditionnelle. Car dans les institutions les conditions ne se suppléent pas (loi 9 de *heredibus instituendis*). D'où la conséquence : que si, comme Doneau, l'on appliquait cette loi aux incapacités d'être institué, il faudrait ne point s'arrêter aux institutions conditionnelles, et dire alors que la loi permet d'instituer des incapables au moment de la disposition, aussi bien dans une institution pure et simple que dans une institution conditionnelle , conséquence que Doneau lui - même n'eût pas songé à soutenir. Le sens de la loi 82 est celui-ci : « Un testateur institue un esclave dont le maître, au moment de l'institution, est capable mais ne peut recueillir, par exemple, parce qu'il est latin *junien*. Puis avant d'avoir fait adition, il a changé de maître, et son nouveau maître est capable de recueillir. Le jurisconsulte nous dit en ce cas que le nouveau maître recueillera la succession. »

Cette loi ainsi interprétée ne contredit donc en aucune façon ce que nous avons dit, à savoir que même dans les institutions conditionnelles, la capacité d'être institué doit exister au moment de l'institution dans la personne de l'institué.

Il me semble résulter de tout ceci que l'on peut donner aux textes invoqués par Doneau, un autre sens que celui dans lequel il les interprète.

Aussi, suis-je porté à ne point me ranger de son opinion, d'autant plus qu'elle tendrait à détruire les règles sur l'époque à laquelle la capacité doit exister dans la personne de l'héritier, règles qui d'ailleurs sont constatées par des textes nombreux, et entre autres par les lois 49, § 1 ; 6, § 2, 59, §, 4 *de heredibus instituendis.*

Quoi qu'il en soit, en supposant qu'un incapable ait été désigné dans une institution pure et simple, si l'on adopte le système de Doneau, dans toute espèce d'institution, d'après l'opinion contraire, quel sera le résultat de cette institution?

L'hérédité ne sera pas confisquée, mais elle sera dans la situation dans laquelle elle serait si l'incapable n'avait point été institué (L. 1, au Code *de heredibus instituendis*); il faudra appeler ceux auxquels sa présence eût fait obstacle s'il eût été capable, c'est à-dire les substitués, à leur défaut les autres institués, puis les héritiers institués, et enfin le fisc. Les lois 3, *de his quæ pro non scriptis,* et 25, § 3, *de adquirenda vel omitt. hered.* (au Digeste), sont l'application de ces principes.

En ce qui concerne l'institution des déportés, certaines lois semblent faire obstacle à la décision que nous venons de donner. L'on pourrait en effet en conclure au premier abord que quand un déporté est institué, cette disposition a pour effet d'appeler le fisc à la succession. Ces textes sont les lois 12 *de his qui ut indigni auferuntur* et 7 *de legatis,* 3°, au Digeste. Et d'abord la loi 12 prouverait trop; car elle ne distingue pas entre les différentes classes

d'incapables ; si donc on l'appliquait aux déportés, il faudrait dire que toutes les fois qu'un
incapable est institué, la succession doit revenir au fisc ; ce qui est formellement contredit
par les lois 3, au Digeste : *de his quæ pro non
scriptis*, et 25, §3, au Digeste, *de adquirenda vel
omitt. hered.*; pour les classes d'incapables dont
elles s'occupent. Remarquons avec Doneau que
la loi ne dit pas « *si scripsisset eos qui institui non poterant*, » mais, « *quos instituere non
poterat*. » Il en faut conclure que la loi dont il
s'agit s'occupe de personnes qui bien que pouvant être instituées par tout le monde en général se trouvaient, à raison de circonstances
particulières, écartées de sa succession ; en
d'autres termes que cette loi raisonne dans
l'hypothèse d'un cas d'indignité. Le titre auquel elle appartient et les lois qui la suivent ne
permettent pas d'en douter (L. 13 et 14 *de his
quæ ut indignis auferuntur*, au Dig.).

Cela étant, l'on ne saurait tirer argument de
la loi 12 dans la question qui nous occupe ; les
règles de l'incapacité et de l'indignité n'étant
pas les mêmes. Ces dernières étant étrangères
à mon sujet, je n'y insisterai pas ; qu'il me suffise de dire que quand l'hérédité est enlevée à
un indigne, il est tout simple et même indispensable que la succession soit dévolue au fisc.
En effet, la succession testamentaire ayant été

dévolue, il ne peut y avoir lieu à la légitime, et s'il y avait un substitué, il ne saurait venir davantage, puisque la condition sous laquelle il était institué a défailli.

Occupons-nous maintenant de la Loi 7, *proœm. de legatis* 3°, au Dig., qui semble faire obstacle à la règle que nous avons posée précédemment. Cette loi décide en effet que « quand un fidéicommis est laissé à l'esclave d'un déporté, c'est au fisc qu'il revient; à moins que du vivant du testateur, le déporté n'ait aliéné son esclave ou que lui-même n'ait été restitué dans ses droits, cas auquel il profiterait du fidéicommis laissé à son esclave. » Il semblerait que si le fidéicommis et l'hérédité laissés à l'esclave du déporté (ce qui est vrai du fidéicommis doit l'être *a fortiori* de l'hérédité) sont attribués au fisc; il faut par la même raison lui attribuer l'hérédité pour laquelle lui-même a été institué. Cette conclusion ne saurait être admise. Si en effet l'hérédité pour laquelle l'esclave du déporté est institué revient au fisc, cela tient à ce que l'esclave du déporté n'est plus l'esclave du déporté, *jure civili*, mais plutôt l'esclave du fisc. Bien que le déporté de son vivant le possède, en jouisse en maître, au point de pouvoir l'aliéner (Dig., L. 7, *de leg.* 3°). Cependant quand il meurt, l'esclave et ses autres biens reviennent au fisc, qui se trouve maître

de ses biens (L. 2, au Code, *de bonis proscript.*)
et doit acquérir l'hérédité laissée à l'esclave
qui en fait partie. Et ce qui prouve la vérité de
cette explication, ce sont les lois 3, au Digeste,
de his quæ pro non scriptis, et 17, *de pœnis*,
au Digeste. Ces lois nous disent en effet que
l'hérédité pour laquelle un condamné aux mines
est institué ne va pas au fisc, parce que ce condamné n'est pas esclave de César; l'on en peut
conclure *a contrario* que s'il l'était, cette hérédité reviendrait au fisc. C'est là le motif pour
lequel l'esclave du déporté acquiert au fisc le
bénéfice de l'institution dont il est l'objet, ainsi
que le porte la loi 7, *de legatis*, 3°. Mais il serait
illogique d'en tirer la conséquence que l'institution du déporté lui-même produit le même
effet, puisque le déporté ne se trouve pas dans
une situation identique.

Il faut donc pour répondre à la question que
nous nous étions posée, à savoir quel serait le résultat de l'institution d'un incapable, décider que
la succession pour laquelle il était institué ira
aux personnes auxquelles l'institution de cet incapable faisait obstacle, et au fisc, à leur défaut.

SECTION IV.

Comment les esclaves pouvaient être institués.

Un esclave pouvait se trouver, relativement

au testateur, dans différentes positions. Il pouvait être sa propriété exclusive, ou appartenir à
autrui, ou, enfin, appartenir à plusieurs maîtres
au nombre desquels était le maître qui l'instituait pour son héritier. Selon que l'esclave se
trouvait dans l'une de ces diverses positions,
les règles à suivre pour la validité de son institution étaient différentes. D'abord parlons des
esclaves propres du testateur.

ESCLAVES PROPRES DU TESTATEUR.

Un maître pouvait instituer son propre
esclave, mais à une condition : c'est qu'en
même temps que l'esclave devienne son héritier, il devienne aussi libre et citoyen romain
(Fragm. d'Ulpien, tit. 22, § 7). Il s'ensuit que
l'esclave sur lequel son maître n'avait point la
propriété *ex jure quiritium*, mais qu'il avait
seulement *in bonis*, et qui, affranchi, n'eût été
qu'un Latin Junien, ne pouvait être par lui
institué héritier. Du reste, la circonstance que
l'esclave n'appartenait point à son maître *ex
jure quiritium*, n'était pas la seule qui pût
mettre obstacle à ce qu'il fût par lui institué.
L'affranchissement de l'esclave pouvait se
trouver impossible par l'effet d'une autre disposition législative, restrictive de la faculté
d'affranchir. Au nombre de ces dispositions

restrictives de la faculté d'affranchir, était la loi Ælia Sentia, qui prohibait les affranchissements faits en fraude des créanciers. Elle faisait seulement exception en faveur d'un maître insolvable, pour éviter que la vente de son patrimoine, après sa mort, fût faite sous son nom; ce que les Romains regardaient comme déshonorant. Mais cette faveur recevait une double limitation.

La première consistait en ce que celui qui n'était pas solvable ne pouvait instituer qu'un seul esclave, qui devenait ainsi héritier nécessaire. Si donc, un testateur insolvable instituait pour héritiers deux esclaves, c'était à celui institué le premier que revenait la succession (loi 60, Dig., *de hered. inst.*). Par application de la même règle, un sénatusconsulte du temps d'Adrien admit que si un testateur donne par son testament la liberté à plusieurs de ses esclaves, et prie son héritier de leur remettre la succession, l'héritier, refusant de faire adition, parce qu'il croit la succession mauvaise, devra y être forcé, et restituer la succession à celui des esclaves héréditaires qui aura été désigné le premier pour arriver à la liberté (loi 81, § 2, *de hered. instit.*). De même encore, si un insolvable institue deux esclaves portant le même nom, de telle sorte que l'on ne puisse savoir lequel des deux a été institué le premier, si l'un et l'autre vivent encore au moment du *dies cedit*, c'est-à-dire au moment où la liberté léguée eût dû compéter à l'esclave, ils seront écartés de la succession; car ils se font mutuellement obstacle. Que si, au contraire, l'un des deux est mort, l'autre sera héritier (L. 42, au Digeste, *de heredibus inst.*).

Une deuxième restriction apportée à la faculté qu'avait le maître insolvable d'instituer un de ses esclaves, qui devînt en même temps libre, consistait en ce que l'institution de l'esclave n'était valable qu'autant qu'il ne pouvait y avoir, en vertu du testament, aucun autre héritier. Il s'ensuivait que si une personne qui n'était pas solvable avait institué au premier degré un de ses esclaves, et puis lui avait substitué un homme libre, les rôles étaient renversés. Ce substitué avait la préférence, et ce n'était qu'à son défaut que l'esclave venait à l'hérédité (L. 57, au Digeste, *de heredibus instit.*).

Il était, cependant, pour l'insolvable un moyen de se soustraire à la règle qui lui défendait d'avoir tout à la fois pour héritier son propre esclave en même temps qu'un autre héritier. Si, en effet, le testateur, après avoir institué Stichus, un des ses esclaves, ajoute : « Si Stichus est mon héritier que Titius le soit aussi, » la loi 88 du titre *de heredibus inst.* nous dit que l'un et l'autre viendront à l'hérédité. Titius, en effet, ne peut être héritier qu'à la condition que Stichus le soit aussi, et celui-ci, dès qu'il est devenu héritier, ne peut plus perdre cette qualité.

Une constitution des empereurs Sévère et Antonin ajouta une prohibition à celle résultant de la loi Ælia Sentia. Cette constitution défendait à la maîtresse accusée d'adultère avec son esclave de l'affranchir, et partant, de l'instituer avant que la sentence ne fût intervenue (1) (Dig., L. 48, *de hered. inst.*).

Quand aucune disposition législative ne venait faire obstacle à l'affranchissement de l'esclave, son institution était possible, mais sa validité dépendait toujours de la liberté qui lui était laissée, de telle sorte que s'il ne recevait pas la liberté et l'hérédité en même temps, son institution n'était pas valable. Les jurisconsultes romains s'étaient montrés d'une très-grande rigueur à cet égard. Certains d'entre eux déclaraient inefficace la disposition suivante : « Que Stichus soit libre, et, s'il est libre,

---

(1) L'on donne à cette disposition plusieurs motifs : L'esclave accusé pouvait être soumis à la torture; l'affranchissement l'y eût fait échapper. Elle semble, du reste, suffisamment motivée par une raison de convenance. L'on comprend, en effet, que c'eût été permettre en quelque sorte à la femme accusée d'adultère, de se jouer de la justice que de maintenir la disposition par laquelle elle donnait à son complice la liberté et son hérédité.

qu'il soit mon héritier, » par la raison que la liberté paraissait y être donnée avant l'institution ; ce qui ne saurait être, puisque la délation de la liberté faite à l'esclave, comme les autres dispositions, tire son efficacité de l'institution. L'empereur Marc-Aurèle désapprouva cette rigueur qui attachait à l'ordre des mots une importance exorbitante, et décida que, conçue en ces termes, l'institution serait maintenue comme si le testateur n'avait pas ajouté ces mots : « *si liber erit.* »

Si, à l'inverse dans l'ordre des expressions, la vocation à l'hérédité précédait la délation de la liberté, par exemple si le testateur avait dit : que Stichus soit mon héritier, et après qu'il sera mon héritier, qu'il soit libre ; dans ce cas aussi les jurisconsultes semblaient avoir hésité sur le sort d'une telle institution. Encore ici les doutes ont été résolus dans le sens de la validité (L. 9, § 14 et 15, *de hered. inst.*).

L'on fut encore plus loin. Ulpien nous dit, en effet, que si un esclave était institué purement, et que la liberté lui fût laissée sous condition, son institution était retardée jusqu'à l'époque où la condition se réalisant, le faisait devenir tout à la fois libre et héritier (Dig., L. 3, § 1, *de hered. inst.*).

Justinien a maintenu cette décision pour le cas où la condition serait potestative.

Ainsi donc, si le testateur, instituant son esclave qui était à Rome et parfaitement valide, avait dit : « *Stichus heres esto, et liber esto si in Capitolium ascenderit*, » l'affranchissement de l'esclave et son institution continueront à dépendre, l'une et l'autre, de l'avènement de la condition. Que si, au contraire, la condition était casuelle, et que l'hérédité fût solvable, Justinien veut que l'institution soit soumise à la condition sous laquelle la liberté était laissée, mais que la liberté soit en tous cas donnée à l'esclave, que la condition d'ailleurs se réalise ou qu'elle ne se réalise pas (1). Si, au contraire, l'hérédité n'était pas solvable, l'esclave devait obtenir tout à la fois la liberté et l'hérédité, indépendamment de l'avènement de la condition (L. fin. au Code *de necessariis servis heredib.*).

Si le testateur avait donné à son esclave la liberté à terme et l'hérédité purement, quelle serait le sort d'une semblable institution ? Ulpien la dit pleinement valable, en ce sens que l'hérédité ne sera déférée qu'à partir de l'arrivée du terme auquel la liberté avait été laissée. Le jurisconsulte, toutefois, ne donne cette décision qu'avec une certaine hésitation :

---

(1) En supposant bien entendu qu'il y ait un autre héritier institué dans le testament, car autrement ce testament étant *destitulum* le legs de la liberté tomberait.

« *Potest defendi*, » dit-il (L. 9, § 17, Dig., *de hered. instituendis*). L'on pourrait, en effet, se fonder sur la loi 34, *eodem*, pour combattre cette décision.

L'on se demandait également si un testateur avait laissé à son esclave la liberté à terme et l'hérédité sous condition, ce qu'il fallait décider en ce cas? Si la condition se réalisait après l'arrivée du terme, l'esclave institué obtenait tout à la fois la liberté et l'hérédité (L. 9, § 18, Dig., *de hered. inst.*). Que si, au contraire, la condition se réalisait avant l'événement du terme, l'on rentrait dans le cas précédent, c'est-à-dire dans celui où la liberté était laissée à terme et l'institution purement; il fallait partant donner la même décision.

L'institution par laquelle un maître eût institué son esclave, en y ajoutant : « lorsqu'il sera libre, » n'eût point été valable. Le simple bon sens indique, en effet, qu'un maître, s'il veut sérieusement donner la liberté à son esclave, doit la lui conférer, soit immédiatement, soit à terme ou sous condition, mais qu'il ne peut raisonnablement prévoir le cas où la liberté lui arriverait d'un autre (L. 21 et 22, *de conditionibus instituti.*).

Du reste, il ne fut pas toujours nécessaire que le maître conférât expressément la liberté à son esclave qu'il instituait, et l'on

suppléa à son silence sur ce point. L'empereur
Antonin a décidé, en effet, que quand des esclaves seraient institués avec la qualification
d'affranchis, ils devraient être réputés institués
avec la liberté (L. 1, au Code, *de necess. servis
heredibus*). L'empereur Justinien ne s'en est pas
tenu là. Il voulut que par cela seul qu'un esclave aurait été institué par son maître, la
liberté serait présumée par là même lui avoir
été laissée (Instit. de Just., L. 1, tit. 6, § 2).

Ce que nous venons de dire, à savoir
que l'institution de l'esclave propre du testateur n'est valable qu'autant qu'il acquiert
simultanément la liberté, n'est vrai qu'autant
que l'esclave est resté dans le même état. Il en
serait autrement, en effet, s'il était sorti de la
puissance du testateur, ce qui pouvait arriver
de deux manières : par l'affranchissement de
l'esclave ou par son aliénation. Examinons ces
deux hypothèses.

Quand le testateur a affranchi l'esclave qu'il
avait institué héritier, l'institution de cet
esclave ne dépend plus de la liberté que le
testateur lui a laissée (1). Si donc un testateur,
après avoir institué son propre esclave purement, et lui avoir laissé la liberté sous condi-

---

(1) L'affranchissement révoque le legs de la liberté fait à
l'esclave conditionnellement.

tion, vient à l'affranchir ou à l'aliéner, l'institution sera valable et produira son effet indépendamment de l'événement de la condition sous laquelle la liberté lui avait été laissée, pourvu, toutefois, que la condition ne fût pas déjà défaillie au moment où l'esclave a été aliéné ou affranchi (Dig., Loi 38, § 2, *de heredibus inst*). Que si, en effet, la condition de l'affranchissement était défaillie alors que l'esclave appartenait encore au testateur, l'institution était évanouie et ne pouvait produire aucun effet quand même l'esclave viendrait postérieurement à sortir de la puissance du testateur. Mais il n'en fallait pas moins que l'esclave ait été appelé à la liberté par le testament de son maître; sinon, l'institution eût été nulle, *ab initio, non constiterit*, selon l'expression des jurisconsultes romains.

Ce que nous venons de dire de l'affranchissement de l'esclave propre du testateur, il faut le dire aussi de son aliénation. L'aliénation par un maître de son esclave propre, qu'il a institué pour héritier, est pour cet esclave un retrait de la liberté. Le don de la liberté par testament est un legs qu'un simple changement de volonté manifesté d'une manière quelconque peut révoquer. Quant à l'institution qui, comme le testament, ne peut être révoquée, si ce n'est formellement par un testament postérieur, elle reste valable malgré l'aliénation de l'esclave qui en est l'objet. Si donc un testateur qui institue son esclave purement et lui laisse la liberté sous condition, aliène ensuite cet esclave, il faut appliquer à cette hypothèse ce que nous avons dit précédemment pour le cas où son maître l'aurait affranchi, avec la seule différence qu'au premier cas il recueillera l'hérédité pour lui-même, tandis qu'au second ce sera pour son nouveau maître (L. 38, § 3, *de hered. inst.*). De même si un testateur avait institué son esclave purement et lui avait donné la liberté à terme, puis affranchissait cet esclave ou l'aliénait, cet esclave affranchi ou son nouveau maître devait venir immédiatement à la succession sans devoir attendre le terme auquel la liberté lui avait été laissée (L. 9, § 19, *de hered. inst.*).

Pour que les résultats que nous venons d'examiner soient produits par le changement de condition de l'esclave, il fallait que cet esclave eût été affranchi ou aliéné. Un droit d'usufruit constitué sur sa personne n'en modifierait pas la condition. L'esclave serait réputé être resté dans le même état qu'auparavant et son institution n'en demeurerait pas moins efficace que si ce droit n'avait pas été constitué sur la personne de l'esclave, sauf toutefois une restriction importante : Ulpien nous dit, en effet, qu'en ce cas l'institution et l'affranchissement qui y est joint ne sont pas détruits, mais qu'ils sont seulement différés jusqu'au moment de l'extinction de l'usufruit constitué sur la tête de l'esclave, que jusque-là l'esclave demeure *servus sine domino* (L. 9, § 20, *de hered. inst.*).

Justinien alla plus loin et décida que les conséquences de l'affranchissement et de l'institution se réaliseraient à l'instant, bien que cet affranchi dût continuer à servir l'usufruitier *quasi servus* (L. 1, au Code, *communia de manumiss.*). L'importance de la réforme de Justinien se comprend sans peine : avant lui l'esclave grevé d'usufruit et institué par le nu propriétaire était *servus sine domino*. Ce qu'il acquérait *ex operibus suis vel ex re fructuarii* passait à l'usufruitier. Ce dernier continua à profiter de ces acquisitions encore après Justinien, mais l'acquisition que l'esclave eût essayé de faire à un autre titre eût été inefficace : en effet, il ne pouvait acquérir par lui-même, puisqu'il était esclave, et il n'avait plus de maître qui pût profiter de cette acquisition. C'était le résultat nécessaire de la position de *servus sine domino*. Après Justinien l'esclave devenu libre, bien qu'il continue à servir en fait l'usufruitier, profite pour lui-même de ce qu'il acquiert autrement que *ex re fructuarii vel ex operibus suis*.

DES ESCLAVES COMMUNS.

L'esclave commun à plusieurs maîtres peut avoir été institué soit par un étranger, soit par un de ses maîtres.

Quand l'esclave commun a été institué par un étranger, chacun de ses maîtres, pourvu qu'il ait faction de testament avec le testateur, acquiert l'émolument de la succession dans la proportion de sa part dans l'esclave commun (Instit. de Justinien, liv. ii, tit. 14, § 3).

L'esclave commun a été institué par un de ses maîtres. En ce cas encore deux hypothèses se présentent. En effet, le défunt peut avoir institué l'esclave sur lequel il avait un droit de copropriété sans la liberté ou avec la liberté (Ulpien, *regulæ juris*, tit. 22).

Si le testateur avait institué l'esclave sur lequel il avait un droit de copropriété sans lui donner la liberté, c'était aux copropriétaires de l'esclave que l'hérédité était acquise, pourvu que le testateur eût avec eux faction de testament. L'esclave faisait adition par leur ordre et ils avaient dans la succession des parts proportionnelles à leur part de propriété dans la personne de l'esclave.

Il se pouvait aussi que l'un des copropriétaires d'un esclave l'ait institué avec la liberté. Si, au moment de sa mort, celui des maîtres, auteur de l'affranchissement, se trouvait avoir la propriété exclusive de l'esclave qu'il avait institué, celui-ci devenait libre et recueillait pour lui l'hérédité en qualité d'héritier nécessaire (Dig., Loi 6, § 2, *de hered. instit.*).

Que si, au contraire, l'esclave institué n'était pas devenu la propriété exclusive de celui de ses maîtres qui l'avait institué au moment du décès de celui-ci, jusqu'au temps de Justinien, l'institution n'eût pas profité à l'esclave institué, l'un des maîtres ne pouvant, par l'affranchissement qu'il conférait à l'esclave commun, préjudicier aux droits des autres. L'affranchissement conféré par testament à l'esclave commun dépouillait celui de ses maîtres, auteur de l'affranchissement, de sa part de propriété, et rendait, par l'effet du droit d'accroissement, les autres maîtres propriétaires exclusifs de cet esclave. Il s'ensuivait qu'ils profitaient de l'institution comme si l'esclave avait été institué sans la liberté. Justinien substitua à ce système rigoureux des dispositions plus équitables : il décida, en effet, que l'affranchissement accordé par l'un des maîtres à l'esclave commun conférait la liberté à celui-ci, sauf à ce qu'indemnité soit payée aux autres copropriétaires pour les dédommager de la perte de leur droit de copropriété sur la tête de l'esclave (Institutes de Just., liv. II, tit. 7).

Dès lors l'institution d'un esclave commun par l'un de ses maîtres qui l'affranchissait en même temps devenait pleinement efficace ; l'esclave en recueillait l'émolument, sauf l'indemnité qu'il devait payer à ses maîtres autres que celui qui l'avait institué. Nous avons supposé jusqu'à présent que la volonté du copropriétaire est bien évidente ; que l'on voit clairement s'il a voulu instituer l'esclave commun avec la liberté ou sans la liberté. Mais que décider s'il n'a point parlé de la liberté ? Faut-il en tirer la conséquence que le testateur n'a point voulu que l'esclave commun devînt libre, ou bien faut-il suppléer à son silence comme le veut Justinien quant le testateur institue son propre esclave, et dire que la liberté est sous-entendue dans la disposition ? Si, en effet, l'on adopte le premier avis, ce seront les copropriétaires de l'esclave qui recueilleront la succession. Si l'on adopte le deuxième, ce sera l'esclave lui-même.

Vinnius pense qu'il n'y a pas lieu de suppléer au silence du testateur ; qu'en conséquence la succession ne sera pas recueillie par l'esclave, mais par ses copropriétaires. En effet, dit-il, on ne peut tirer de raison d'analogie de ce que Justinien décide quand un testateur institue son propre esclave. Dans ce dernier cas, l'on sous-entend que le testateur a donné la liberté à l'esclave qu'il institue, parce qu'autrement sa disposition n'aurait point de sens. L'institution d'un esclave commun peut se soutenir du chef des autres copropriétaires indépendamment de tout affranchissement (Ulpien, *regulæ juris*, tit. 22, § 7 et 9). Il n'y a plus, par conséquent, le même motif pour supposer au testateur une intention qu'il n'a pas exprimée (1).

Enfin il peut se faire que tous les copropriétaires de l'esclave commun l'aient institué pour héritier. Stichus esclave commun avait deux maîtres. Chacun d'eux l'a institué dans son testament *cum libertate*; qu'arriverait-il dans ce cas? Avant Justinien celui des maîtres qui survivait à l'autre, recueillait par l'esclave la succession du premier et avait à son décès en vertu de son propre testament l'esclave pour héritier. Tous deux avaient l'esclave pour héritier, mais celui-là seul qui mourrait le second l'avait pour héritier nécessaire (L. 6, § 3, au Dig., *de hered. instit.*).

Le jurisconsulte Julien cite cependant deux cas où l'esclave commun serait devenu héri-

---

(1) Néanmoins peut-être serait-il plus conforme à l'esprit général de la législation de Justinien d'interpréter le silence du testateur dans le sens de la liberté.

tier nécessaire de ses deux copropriétaires. Ce serait : 1° Si l'on supposait que les deux maîtres ayant institué dans leur testament l'esclave commun, mouraient ensemble dans un même événement : en ce cas, tout deux ont pour héritier l'esclave commun qui devient libre en même temps; 2° Si les deux copropriétaires avaient institué l'esclave qui leur était commun sous la même condition, et que cette condition ne se réalisât qu'après que les deux maîtres seraient morts l'un et l'autre. Sauf ces exceptions, la règle est que l'esclave commun eût été héritier nécessaire de celui-là seul de ses deux maîtres qui eût survécu à l'autre (Dig., loi 8, *de hered. inst.*).

Après la réforme que nous avons vu introduire par Justinien, c'eût été l'inverse : l'esclave commun n'eût été héritier nécessaire que de celui-là seul qui fût mort le premier.

DES ESCLAVES D'AUTRUI.

Les esclaves d'autrui pouvaient être valablement institués, pourvu que le testateur eût avec leur maître *factio testamenti*, car l'esclave emprunte en ce cas à la personne de son maître la capacité d'être institué. Par application de ce principe, l'esclave d'un pérégrin ne pouvait être institué (L. 31, *de hered. instil.*). Il y avait cependant une exception à ce principe : jusqu'au temps de l'empereur Léon les municipes ne pouvaient être institués ; cependant bien avant lui, leurs esclaves pouvaient l'être valablement ; et si dans la suite ces esclaves étaient aliénés ou affranchis, ils acquéraient l'hérédité pour eux-mêmes ou pour leur nouveau maître (L. 25, § 1er, au Dig., *de acquir. vel omitt. hered.*).

Si c'est du chef du maître qu'il a au moment de l'institution que l'esclave emprunte sa capacité, il ne s'ensuit pas que ce soit ce maître qui doive en recueillir l'émolument. Il se peut en effet que ce soit l'esclave lui-même devenu libre ou son nouveau maître, ce qui arrivera nécessairement si l'esclave a été aliéné ou affranchi au moment de la mort du testateur, si l'institution était pure et simple : au moment de l'avènement de la condition si l'institution était conditionnelle. Jusque-là rien n'est fixé, et l'on peut dire selon l'énergique expression d'Ulpien, que l'espoir de la succession *perambulat cum servi domino* (Loi 2, § 9, au Dig., *de bon. posses. secundum tab.*). En conséquence, il la recueillera selon les cas ou pour lui-même ou pour le maître qu'il aura à cette

époque et qui lui donnera ordre de faire adition (1).

Il était possible cependant qu'un changement survenu dans la situation de l'esclave
d'autrui invalidât l'institution ; ce cas se présenterait quand un testateur ayant institué
un esclave, alors qu'il appartenait à autrui,
en était propriétaire au moment de son décès.
L'institution qu'il avait faite en faveur de cet
esclave tombait lors même qu'il lui eût laissé
formellement la liberté en même temps qu'il
l'instituait (Loi 49, *principio*, au Digeste, *de
hered. instit.*).

Un testateur ne saurait en effet laisser valablement la liberté à l'esclave qu'il institue,
qu'autant que cet esclave lui appartient au
moment de la confection du testament et de la
mort du testateur (frag. d'Ulpien, titre 1er, §23).

DE L'ESCLAVE D'UNE HÉRÉDITÉ JACENTE.

A s'en tenir à la réalité, l'esclave d'une

---

(1) Cette incertitude sur la personne qui profitera de l'institution dont l'esclave est l'objet ne viole pas la règle que
l'on ne peut instituer les personnes incertaines. L'institution s'adresse à l'esclave qui est une *persona certa* et
cela suffit. Il est si vrai que c'est l'esclave lui-même qui a été
institué que si l'esclave ne voulait faire adition, son maître
ne pourrait la faire en sa place, et que s'il prédécédait avant
le testateur l'institution s'évanouirait.

hérédité jacente n'a plus de maître. La mort lui a enlevé celui sous la puissance duquel il se trouvait, et l'adition ne lui en a pas donné un nouveau. L'on pourrait donc se demander s'il pourrait être institué valablement en l'absence d'un maître dont il puisse emprunter la capacité. La Loi 52 (*de hered. inst.*, au Dig.) tranche ces doutes : l'esclave d'une hérédité jacente peut être institué, pourvu que le testateur ait faction de testament avec le défunt, bien qu'il ne l'ait pas avec l'héritier futur. On prolonge par une fiction la vie du défunt jusqu'à l'adition, et l'esclave institué emprunte de son chef la *factio testamenti*. C'est ce que la Loi 35, § 1er, au Dig., *de hered. instit.*, exprime en ces mots : « *hereditatem locum defuncti obtinere.* » Nous trouvons cette règle exprimée aux Instituts d'une façon plus énergique encore (1).

Le principe recevait encore d'autres applica-

____

(1) Il semble que cette règle n'ait point été admise sans controverse : la loi 54 *de acquirend. de vel omitt. hered.* au Dig., donne en effet à l'adition un effet rétroactif. Cette dernière règle que Celsus pose aussi dans la loi 193, *de regulis juris*, quoique d'une manière moins absolue, ne paraît avoir été invoquée que dans une seule question : à l'effet de valider les stipulations faites par l'esclave héréditaire au nom de l'héritier futur. Les lois 16 et 18, § 2, *de stipul. servorum*, montrent bien l'état de la controverse qui existait sur ce dernier point.

tions en cette matière. Il permettait d'instituer l'esclave d'une hérédité à laquelle un posthume était appelé (L. 64, au Dig. *de hered. inst.*). Je suppose par exemple que Titius a institué pour héritier un posthume sien. Il est mort, et dans l'hérédité laissée au posthume se trouve un esclave. Avant Justinien, je ne pouvais *jure civili* du moins, instituer valablement ce posthume qui était par rapport à moi un *posthumus alienus*. Je pouvais néanmoins instituer l'esclave de l'hérédité à laquelle il était appelé, pourvu que j'eusse *factio testamenti* avec le testateur. C'est là une application de la maxime « *heredi-dilas quæ jacet locum heredis obtinet.* » De même encore si on suppose qu'un militaire ait dans son testament institué un pérégrin (Gaius, comm. 2, § 110), et qu'après la mort du testateur, mais avant l'adition faite, j'institue un esclave de l'hérédité. Je n'eusse pas pu instituer le pérégrin n'étant pas moi-même militaire. Cependant l'institution que j'ai faite de l'esclave héréditaire n'en sera pas moins maintenue par la raison que j'avais la *factio testamenti* avec son ancien maître, *lequel est réputé encore vivant.*

DE L'INSTITUTION DES CAPTIFS ET DE LEURS ESCLAVES.

Le citoyen captif chez l'ennemi peut valablement être institué , car, par l'effet du *jus postliminii*, tous les droits de cité restent en suspens dans sa personne, mais ne sont pas détruits. Si donc il s'échappe des mains de l'ennemi, il pourra recueillir la succession (Dig., Loi 32, *de hered. inst.*). Que s'il meurt chez l'ennemi, l'institution ne sera pas valable. Car le testateur aura par le fait institué l'esclave d'un étranger, avec lequel il n'avait pas la faction de testament.

L'esclave d'un citoyen captif pourrait aussi être valablement institué. Son maître rentre-t-il dans ses *foyers*, l'esclave fera adition par son ordre. Meurt-il pendant sa captivité, l'institution n'en est pas moins valable. En effet, en vertu de la fiction de la loi Cornelia, le captif est réputé mort au moment où a commencé sa captivité (Dig., Loi 18, *de captivis*). Son esclave institué était donc par l'effet de cette fiction, au moment de son institution, un esclave héréditaire, partant capable d'être institué. L'esclave du captif acquerra en ce cas la succession, et cette acquisition profitera à son héritier (Dig., Loi 32, § 1, *de hered. inst.*)

DE L'ESCLAVE GREVÉ D'USUFRUIT.

Quand un testateur, instituant pour héritier un esclave qui appartenait en nue propriété à une personne, mais dont une autre avait l'usufruit, l'on pouvait se demander laquelle des deux profiterait de cette institution. En principe, c'était au nu propriétaire que devait revenir la succession. L'usufruitier d'un esclave n'acquiert en effet par lui que ce qui provient *ex re sua vel ex operibus suis*. Or, l'hérédité ne rentra point dans l'une de ces deux catégories (Instit. de Justin., livre II, tit. IX, § 4). Cependant si ce n'était qu'en contemplation de l'usufruitier que l'esclave eût été institué, la volonté du testateur était respectée, et c'était lui qui profitait de l'institution (Dig., Loi 21, *de usufructu et quemadmodum quis utatur*).

Ce que nous venons de dire de l'esclave sur lequel un droit d'usufruit était constitué, s'applique également à l'esclave d'autrui, possédé de bonne foi (Dig., Loi 25, *de acq., vel omitt. hered.*).

Que décider si le testateur a institué pour héritier un homme libre, qui à ce moment était réputé esclave, et qu'un autre possédait de bonne foi. Lequel des deux devra être héritier? Sera-ce le prétendu maître ou l'homme libre, indûment réputé esclave? Des textes, l'on peut conclure qu'il y avait sur ce point dissentiment entre les jurisconsultes. D'après les uns, l'hérédité ne pouvait revenir au prétendu maître; car une succession ne provient ni de la chose du prétendu maître ni des travaux de l'homme libre, possédé de bonne foi. Celui-ci acquérait donc toujours pour lui-même la succession, quelle qu'eût été d'ailleurs l'intention du testateur; que ce soit l'homme libre possédé de bonne foi qu'il ait eu en vue, ou son prétendu maître. Toutefois, s'il était bien prouvé que c'était à ce dernier que s'adressait l'institution, l'on forçait l'homme libre à lui en transférer l'émolument, tout en gardant le titre d'héritier (Dig., loi 19, de *acq. rer. dom.*). D'autres disaient que l'hérédité était acquise à l'homme libre, possédé de bonne foi ou à son prétendu maître, selon que le testateur avait eu l'un des deux en vue (Dig., Loi 45, § 4, *de acq. vel omitt. hered.*).

Les jurisconsultes romains s'étaient aussi demandé : quand l'homme libre possédé de bonne foi comme esclave avait fait adition par l'ordre de celui qu'il croyait à tort être son maître, s'il était par là même forcément héritier. Il fallait se poser cette question dans l'une et l'autre des deux opinions que nous venons d'exposer. Il y avait lieu de se la poser toujours dans la première, et aussi dans la seconde quand le testateur en instituant l'homme libre possédé de bonne foi l'avait personnellement en vue. Trebatius soutenait que par cela seul que l'homme libre possédé de bonne foi comme esclave avait fait adition, peu importait qu'il l'eût fait de son plein gré ou malgré lui, et qu'en tous cas il était nécessairement héritier, même alors que sa qualité d'homme libre avait été reconnue; que l'on devait voir uniquement ce qu'il avait fait, sans chercher le motif qui l'avait déterminé. Labéon, au contraire, disait qu'il fallait distinguer : que si le prétendu esclave avait fait adition parce qu'il le voulait bien, il devait être forcément héritier. Que si, au contraire, il n'avait fait adition que parce qu'il y était forcé, il serait inique d'en tirer la même conclusion (Digeste, loi 59, *de hered. inst.*, et loi 19, § final, *de acq. rerum dom.*).

SECTION V.

A quel moment la capacité était requise dans la personne de l'institué.

A l'égard des héritiers externes, qu'eux-mêmes soient institués héritiers ou ceux qui sont en leur puissance, il faut que le testateur ait avec eux faction de testament :

1° Au moment de la confection du testament, pour que l'institution soit valable. Cette condition tenait aux formes primitives des testaments romains, et s'est toujours perpétuée depuis aux diverses époques du droit romain (1).

2° Pendant tout l'intervalle qui s'écoule entre la mort du testateur et l'adition d'hérédité, si l'institution est pure et simple, ou pendant l'espace qui sépare l'événement de la condition de l'adition, si l'institution est conditionnelle. Pendant tout ce temps l'héritier doit avoir faction de testament avec le testateur. Il en est autrement de l'intervalle qui s'écoule entre la confection du testament et la mort du testateur. Les changements survenus pendant cette période dans la capacité de l'héritier n'invalide pas le testament (Dig., L. 49, § 1, *de hered. inst.*). Si donc une personne institue pour héritier un citoyen romain, lequel devient étranger, puis recouvre sa qualité primitive du vivant du testateur, l'institution n'en sera pas moins valable. C'est là ce qu'il faut entendre par la maxime : *media tempora non nocere* (loi 6, § 2, au Dig., *de hered. inst.*)

Que si l'institué est un *suus heres* par rapport au testateur, il suffit qu'il ait *factio testamenti*

---

(1) Nous avons examiné précédemment l'opinion qui consisterait à dire que cette condition n'était requise que dans les institutions pures et simples, mais que dans les institutions conditionnelles, il n'était point indispensable que l'héritier fût capable au moment de l'institution. Qu'il me suffise de renvoyer à ce que j'ai dit précédemment sur ce sujet.

au moment de la confection du testament, et puis à l'époque de la mort du testateur ou de l'événement de la condition, selon que l'institution est pure et simple ou conditionnelle. Il n'y a point à s'occuper s'il a perdu ou gardé la capacité après cette dernière époque. Pour lui, en effet, il ne saurait être question d'adition, puisque l'hérédité lui est acquise aussitôt qu'elle s'est ouverte.

CHAPITRE III.

DES MODALITÉS QUI PEUVENT ACCOMPAGNER L'INSTITUTION.

§ 1er. De la cause.

Il est possible que le testateur ait ajouté à l'institution la cause pour laquelle il la faisait. En principe, l'erreur dans laquelle il serait tombé à cet égard n'invalidait pas l'institution; une semblable erreur n'invalidait pas non plus les legs (Dig., loi 17, § 2, *de cond. inst.*). Seulement, s'il résultait clairement des termes employés par le testateur qu'il avait fait cette disposition uniquement en contemplation d'une cause qui n'existait pas, le jurisconsulte Papinien, raisonnant sous l'hypothèse d'un legs (Dig., loi 72, § 6, *de cond. et demonst.*) décide que le légataire devra être repoussé par l'exception *doli*. Il y aurait, en effet, de sa part, dol évident à réclamer le bénéfice d'une disposition que le testateur n'eût certainement point faite en sa faveur s'il avait connu la non-existence de la cause qui l'y avait déterminé. Un rescrit impérial rapporté par Paul (Dig., Loi 92, *de hered. inst.*) décide dans le même sens la question en matière d'institution. Voici comment la question s'était présentée. Un testateur avait fait un premier testament, puis croyant mort l'héritier qu'il y avait institué, il avait fait un second testament dans lequel il disait expressément qu'il ne le faisait que par suite du prédécès de l'héritier par lui institué dans on premier testament. En réalité, cet héritier n'était pas mort, il n'était qu'absent. Seulement, il ne revint qu'après la mort du testateur. Il demanda alors à l'Empereur de lui faire avoir la succession par la raison que ce n'était que sur la fausse cause de la croyance à son prédécès qu'il avait fait un second testament. L'Empereur décida en ce sens ; seulement, il exigea que le premier institué exécutât les legs et fidéicommis compris dans le deuxième testament.

§ 2. Des institutions faites *ex die* ou *ad diem*.

L'hérédité testamentaire ne pouvait être déférée valablement à partir d'une époque fixe; car, en ce cas, le défunt serait mort partie *testat*, partie *intestat*. Elle ne pouvait non plus par la même raison être déférée jusqu'à un certain temps. Mais si un testateur, ne tenant compte de ses prohibitions, avait ajouté un terme à l'institution par lui faite, l'on réputait le terme non-écrit et l'institution n'en produisait pas moins son effet, sauf cette restriction (Dig., Loi 34, *de hered. inst.*). L'on devait supposer en ce cas que chez le testateur, la libéralité à faire à l'héritier avait été l'idée principale, que le terme n'était que quelque chose d'incident; qu'en conséquence, c'était au fond se conformer à la volonté du défunt que de sacrifier le terme pour faire valoir ce qui était pour lui l'objet important.

D'ailleurs, quand il y a doute, mieux vaut interpréter une disposition équivoque dans le sens qui peut lui faire produire un effet que dans celui dans lequel elle serait complètement inefficace.

Le terme incertain, c'est-à-dire celui qui devait nécessairement arriver, sans que l'on sût à quelle époque, pouvait être ajouté valablement à une institution. Ainsi, par exemple, la disposition dans laquelle un testateur eût dit : que Primus soit mon héritier quand Secundus mourra, eût été valable (loi 9 au Code *de hered.*

inst.). Le terme incertain ajouté à une institution, est, en effet, dit Papinien, moins un terme qu'une condition (Loi 75, au Dig., *de cond. et demonst.*). Quand un *dies incertus* est ajouté à une institution, l'incertitude qui règne sur le moment où le terme pourra arriver, rend impossible la délation de l'hérédité *ab intestat*. En effet, comme dans le cas où l'institution est conditionnelle, l'on serait arrêté à chaque pas par la possibilité, qu'au moment même où l'hérédité *ab intestat* serait déférée, l'hérédité testamentaire vînt à s'ouvrir aussi. Or, l'on sait qu'il était de principe qu'il ne devait y avoir lieu à l'hérédité *ab intestat* qu'autant qu'il était certain que l'hérédité testamentaire faisait défaut (Dig., Loi 30, *de adq. vel omitt. hered.*, et L. 89, *de regulis juris*).

§ 3. Des institutions faites *ex re certa*.

L'héritier étant défini le successeur à tous les droits qu'avait le défunt (Dig., L. 62, *de reg. juris*, et 24, *de verb. sign.*), il s'ensuivait que sa vocation ne pouvait être réduite à un objet déterminé ou à une part d'objet déterminé. Cependant, si une pareille institution avait été faite, elle n'était pas annulée. On supprimait seulement la mention de l'objet, et avec cette restriction, l'institution produisait son effet.

L'on interprétait la disposition du testateur en ce sens qu'il avait voulu que l'institué fût héritier en tous cas, pour l'objet déterminé, si c'était possible, sinon pour le tout. L'importance que les Romains attachaient à ne pas mourir *intestat* amena naturellement à donner cette interprétation à la volonté du testateur. Si donc un testateur instituait comme héritier une personne pour un fonds déterminé, l'on supprimait la mention du fonds et l'institué était héritier pour le tout (Dig., L. 1, § 4, *de hered. inst.*).

Le jurisconsulte Tryphoninus faisait l'application de ces principes à une espèce analogue. Un fils de famillle, ancien militaire, avait fait son testament pour son pécule castrans. Puis il perd son père et devient son héritier sien ; mais avant d'en être informé, lui-même meurt. Quels biens comprendra l'institution par lui faite? On ne peut dire qu'il mourra *testat* pour les biens de son pécule castrans, *intestat* pour les biens qui lui sont arrivés par la mort de son père. Une telle faveur appartient aux militaires seuls, et lui-même a cessé de l'être. Il faut donc dire que l'héritier qu'il a institué pour son pécule castrans aura tous ses biens. Ce sera comme si un testateur pauvre avait fait son testament et puis était mort ignorant la fortune que lui avaient acquise des esclaves lui appartenant et agissant pour lui en d'autres lieux (Dig., L. 19, § 2, *de cast. pec.*).

Ce que nous avons dit à savoir que quand une institution était faite pour un objet déterminé, il ne fallait pas tenir compte de l'objet ajouté à l'institution, n'est vrai qu'autant qu'il n'y a qu'un seul héritier institué. Que s'il y en avait plusieurs, l'un d'eux l'étant pour un objet déterminé, cette mention d'objet ne serait pas sans effet. Tous les héritiers seraient, il est vrai, héritiers pour parts égales (L. 9, § 13, L. 10 et 11, au Dig., *de hered. inst.*); mais les objets ainsi assignés à l'un des héritiers seraient réputés lui avoir été laissés comme prélegs et il devrait les recueillir à ce titre.

La Loi 78, *de hered. inst.* (1), qui suppose ces principes, a prêté matière à difficulté. Je vais m'y arrêter un instant et rapporter les deux

---

(1) Qui non militabat bonorum maternorum quæ in Pannonia possidebat, libertum heredem instituit; paternorum quæ habebat in Syria, Titium; jure semisses ambos habere constituit : sed arbitrum dividendæ hereditatis supremam voluntatem, factis adjudicationibus, et interpositis propter actiones cautionibus; scilicet ut quod vice mutua præstarent, doli ratione quadranti retinendo compensetur.

Le jurisconsulte suppose que le testateur est un non-militaire; cela tient à ce qu'il est parlé, à la fin de la loi, de la Falcidie qui ne recevait pas son application dans les testaments des militaires. (L. 7, au Code, *ad legem Falcidiam*.)

principales explications qui en ont été données.

Première explication de la Loi 78 (1). Cette
loi, dit Cujas, est difficile à expliquer à tel
point qu'Ulpien, qui donne dans la Loi 35 la
paraphrase de cette loi, a cru devoir en omettre
la fin.

Voici l'espèce de la loi : Le testateur dont il
s'agit a institué deux héritiers : Titius pour ses
biens paternels, son affranchi pour ses biens
maternels. Les biens paternels forment le quart
de la succession, c'est-à-dire 100 ; les biens
maternels en forment les trois quarts, c'est-à-
dire 300. En droit strict un testateur ne peut
instituer des héritiers pour des objets déterminés. Les héritiers ainsi institués sont héritiers
comme si à leur institution n'avait été ajoutée
aucune mention d'objet ni de part. Ils sont
donc héritiers pour parts égales et chacun d'eux
aura la moitié des biens tant paternels que maternels sans avoir égard à la valeur respective
des biens paternels et maternels pour lesquels
chacun d'eux était institué (Dig., L. 35 et 10, *de
hered. inst.*). Mais ce qui n'a pas lieu *ipso jure*
le juge de l'action *familiæ erciscundæ* peut le
produire de façon à faire exécuter la volonté
du défunt. En conséquence il adjugera à Titius

---

(1) Cette explication est celle qu'en donne Cujas.

la moitié que l'affranchi avait dans les biens paternels, à l'affranchi la moitié de Titius dans les biens maternels ; prélegs réciproques que le testateur paraît avoir voulu mettre à la charge de ses deux héritiers. Ainsi dans notre espèce, Titius fournit à l'affranchi à titre de legs 150, c'est-à-dire moitié des biens maternels ; l'affranchi fournit au même titre à Titius 50, moitié des biens paternels, ou en faisant compensation des deux legs, Titius fournit à l'affranchi 100 à titre de prélegs. L'affranchi aura donc les biens maternels partie *jure here-ditario*, partie à titre de prélegs de son cohéritier. De même l'affranchi aura les biens paternels, tant à titre héréditaire qu'à titre de prélegs. Le juge de l'action *familiæ erciscundæ* devra forcer les deux cohéritiers à se donner mutuellement caution (au moyen de fidéjusseurs) de se rendre ce qu'ils auraient reçu au-delà de ce que permet la Falcidie. Il est parlé de cette stipulation en prévision de la Falcidie dans la Loi 70, *ad leg. Falcid.*, au Dig., car les prélegs y sont soumis aussi bien que les legs (Loi 17, au Code, *ad leg. Falcid.*). Il est possible, en effet, qu'après les adjudications faites par le juge des biens du défunt il y ait lieu à l'application de la Falcidie par suite de la découverte de dettes, ou par suite de legs déférés par des codicilles inconnus au moment du partage. Si, en effet, l'un des cohéritiers se trouvait avoir fourni à son cohéritier au-delà des trois quarts de sa part héréditaire, la caution dont parle Papinien par ces mots : *interpositis cautionibus,* lui fournirait un recours. Cela résulte de la Loi 35 dans laquelle Ulpien rapporte en la commentant la décision de Papinien.

Papinien ajoute que ces cautions sont données à cause des actions. Les actions dont parle Papinien sont les actions personnelles que les créanciers du défunt peuvent intenter contre chacun des héritiers (L. 35, *de hered. inst.*, Dig.) en proportion de la part héréditaire de chacun d'eux. Elles comprennent également les actions intentées par les légataires, venant en vertu de codicilles jusque-là ignorés, lesquels peuvent s'attaquer aux héritiers dans la même proportion que les créanciers héréditaires (Dig., Loi 40, *de oblig. et action.*). Supposons maintenant qu'après que le juge de l'action *familiæ erciscundæ* a terminé ses opérations, l'on découvre des codicilles par lesquels le testateur mettait à la charge de Titius et de l'affranchi un legs de 120 fait à un étranger. Ce légataire étranger agira contre chacun des institués pour 60, en sorte qu'il ne restera à l'affranchi que 240, moitié *jure legali* moitié *jure hereditario,* et à Titius 40 seulement, dont 20 *jure legali* et 20 *jure hereditario.*

La quarte Falcidie de Titius étant de 50 (sa part héréditaire était de 200 en effet) il lui manque 30 pour l'avoir complète. L'on sait, en effet, que l'héritier ne doit imputer sur sa quarte que ce qu'il reçoit *jure hereditario* (D., L. 91, *ad leg. Fal.*). Il suit de là qu'il y a lieu de se demander si Titius ne pourra réclamer de son cohéritier en vertu de la stipulation de Falcidie les 30 qui manquent pour compléter sa quarte. Titius devra être repoussé dans sa prétention par l'exception *doli* jusqu'à concurrence des 20 qu'il a reçus de l'affranchi. Il devra, en effet, imputer ces 20 sur la Falcidie s'il prétend conserver son prélegs; en conséquence il pourra seulement réclamer 10 à l'affranchi. C'est là, suivant Cujas, l'explication de ces expressions de Papinien : *ut quod vice mutua præstarent ratione doli quadranti relinendo compensetur.* Il ajoute que la découverte de dettes pourrait donner lieu à l'application de la Loi 78; et que l'hypothèse quelle prévoit se réaliserait dans l'espèce suivante : l'ensemble du patrimoine était de 150 ; savoir : les biens paternels valaient 100, les biens maternels 50. Le testateur avait institué son affranchi pour ses biens paternels, Titius pour les biens maternels. Puis après que le juge de l'action *familiæ erciscundæ* a fait des adjudications conformément à la volonté du défunt, l'on découvre une dette de 100. Par l'effet de cette découverte la part héréditaire de chacun des cohéritiers est de 25 ; et en conséquence la quarte Falcidie de chacun d'eux de 6 1/4. Les dettes devant être supportées par moitié entre les héritiers, Titius verra sa part active entièrement absorbée. S'il prétend exercer son recours contre l'affranchi, celui-ci le repoussera par l'exception *doli* se fondant sur ce qu'il lui a fourni de son côté 25 *jure legali*.

Cette dernière partie de l'explication de Cujas doit être rejetée tout d'abord. Il est, en effet, inadmissible que l'exception *doli* puisse amener le résultat inique de dépouiller un héritier de la quarte que la loi lui assure (1).

La première partie de l'explication de Cujas ne me paraît pas non plus satisfaisante. Le calcul sur lequel il s'appuie est évidemment inexact. Il dit en effet que la découverte du legs de 120 a pour résultat de réduire les prélegs à 20 et à 120 ; ce qui est tout à fait contraire à la règle, que, quand il y a lieu à l'application de la Falcidie, la réduction doit être opérée proportionnellement sur tous les legs.

---

(1) Du reste nous verrons plus loin que non seulement l'exception *doli* prévue par Cujas ne saurait avoir lieu, mais encore que l'action à laquelle il prétend que l'on doive l'ajouter n'était point celle à laquelle fait allusion la loi 78.

La part héréditaire de Titius, on s'en souvient, était de 200, sa quarte de 50. Les deux legs qui sont à sa charge (savoir le legs de 150 fait à son cohéritier, le legs de 60 laissé à un étranger) dépasse de 10 sa part héréditaire, c'est une réduction de 60 qu'il y a lieu de leur faire subir. Cette réduction devrait être déterminée par la proportion suivante :

$$210 : 60 :: 150 : x = 42,86$$
$$210 : 60 :: 60 : y = \underline{14,74}$$
$$60.$$

Titius pourra en conséquence exercer sur le legs de 60 fait à l'étranger une réduction de 17,14.

Que s'il prétendait exercer sur le legs de l'affranchi une réduction de 42,86, celui-ci le repousserait en lui disant : cette réduction vous serait due si j'étais seulement légataire. Mais j'ai une double qualité : je suis héritier aussi, et, en cette qualité, je vous ai fourni 50 à titre de legs, conformément à la volonté du défunt. Vous avez donc tort de vous plaindre puisque les 50 que je vous ai fournis à titre de legs, joints à ce que vous avez *jure hereditario*, vous font votre quarte et au-delà (Dig., L. 22, *ad leg. Falcid.*). Il suit de là que, dans l'espèce donnée par Cujas, la découverte de legs ne donne point lieu à un recours de Titius contre l'affranchi à raison de la Falcidie, et que partant les cautions données pour assurer l'efficacité de ce recours seraient sans utilité.

2ᵉ explication de la Loi 78. — Le rapprochement de cette loi avec la Loi 76, § 1, *de legatis-2ᵒ*, qui est du même jurisconsulte, permet d'en donner une autre explication : la Loi 76 supposant qu'un testateur a légué une hérédité par lui recueillie décide que l'hérédité devra être reconstituée, et qu'en conséquence le légataire devra avoir ou subir dans ses rapports avec les héritiers les actions qui compétaient activement ou passivement à la succession que le testateur avait recueillie précédemment.

Papinien prévoit dans la Loi 78 une hypothèse analogue ; le jurisconsulte suppose que le testateur a voulu que l'affranchi eût le patrimoine qui lui venait de sa mère, que Titius eût le patrimoine qui lui venait de son père. Pour exécuter la volonté du défunt, le juge de l'action *familiæ erciscundæ* adjugera à chacun d'eux les biens que le testateur voulait faire passer entre ses mains. Quant aux actions actives ou passives qui compétaient à chacun des deux patrimoines, le juge ne peut, pour recomposer ces deux patrimoines conformément à la volonté du défunt, attribuer à l'affranchi toutes les actions relatives aux biens maternels, à

Titius toutes les actions relatives au patrimoine venant du père. Les deux institués sont héritiers pour moitié. A chacun d'eux compétera par conséquent activement ou passivement la moitié de toutes les actions qui se trouvaient dans le patrimoine du testateur, sans que l'on ait à distinguer de quel patrimoine elles pouvaient lui provenir. Le juge, qui pour se conformer à la volonté du testateur, essayera de recomposer autant que possible les deux patrimoines, devra donc faire intervenir entre les cohéritiers des cautions réciproques.

L'affranchi donnera caution à Titius de lui tenir compte de ce qu'il percevrait à raison de la part à lui afférente dans les créances provenant du patrimoine paternel et comme aussi des dettes faisant partie du patrimoine maternel et dont Titius pourrait être forcé de payer moitié; et Titius, de son côté, donnera à l'affranchi une caution dans le même but. Tel est le sens de ces expressions : *Sequi factis adjudicationibus et interpositis propter actiones cautionibus.* Puis le jurisconsulte ajoute : *Salva Falcidia : scilicet ut quod vice mutua præstarent ratione doli compensetur*, c'est-à-dire qu'il y aura néanmoins lieu dans cette disposition à l'application de la Falcidie, de telle sorte cependant qu'à l'égard de son cohéritier, l'autre cohéritier impute sur sa quarte les biens qu'il en reçoit à titre de prélegs. Si donc les biens maternels assignés à l'affranchi valaient 300, les biens paternels assignés à Titius étant de 100, jusque là il n'y aurait pas lieu à l'application de la Falcidie. L'ensemble des biens étant de 400, chacun d'eux a sa quarte : l'affranchi a 150 *jure legali*, 150 *jure hereditario*, et Titius 50 *jure legali*, 50 *jure hereditario*. Mais si l'on suppose un légataire étranger auquel chacun des deux héritiers doive un legs de 50, alors la part de Titius est absorbée tout entière. Il y a lieu pour lui de réclamer sa quarte 50 et de demander en conséquence la réduction des deux legs qu'il fournit à l'affranchi et à l'étranger.

La réduction serait déterminée par les proportions suivantes :

$$200 : 50 :: 150 : x = 37,5$$
$$200 : 50 :: 50 : y = 12,5$$

Titius fera subir une réduction de 12,50 au légataire étranger; mais s'il s'adresse à l'affranchi pour lui faire subir une réduction de 37,50, celui-ci le repoussera par l'exception *doli*, car, à son égard, il doit imputer ce que celui-ci lui fournit à titre de prélegs. Ce qui me fait adopter cette explication, c'est sa parfaite conformité aux règles générales sur la réduction des legs et prélegs; règles qui se trouvent contenues

dans les lois 74 et 22 *ad legem Falcid.* au Dig.,
et desquelles il résulte que l'héritier qui veut
faire réduire un legs fait à un légataire
étranger, peut n'imputer sur sa quarte que ce
qu'il reçoit *jure hereditario* (D., loi 74, *ad leg.
Falc.*); qu'à l'égard du legs fait à son cohéritier,
au contraire, il ne peut le faire réduire qu'à la
condition que le prélegs qu'il en reçoit, joint à
ce qu'il tient du défunt *jure hereditario*, ne
lui fasse pas sa quarte (Dig., L. 22, *præ. ad
leg. Falc.*); enfin, que la circonstance que son
cohéritier, auquel il devait un legs, a pu éviter
de le voir réduire en opposant le prélegs qu'il
lui avait fourni de son côté, ne doit pas empirer
la condition du légataire étranger, en ce sens
que celui-ci doive subir en plus de la réduction
dont il est tenu, une diminution égale à celle
que le cohéritier n'a pu obtenir sur le legs de
son cohéritier (L. 22, § 1, *ad leg. Falc.*, au Dig.);
en un mot, que les calculs doivent être faits
séparément pour chacun. C'est à cette explication que je m'arrête, elle respecte, en effet,
scrupuleusement la volonté du testateur; elle
est de plus conforme aux principes et le calcul
sur lequel elle s'appuie me semble parfaitement
exact. En vain objecterait-on à cette dernière
explication que la loi 35 du même titre astreint
les héritiers prélégataires réciproques à sup-
porter chacun la moitié des dettes, non-seule-

ment dans leurs rapports avec les créanciers héréditaires, mais encore entre eux au point de vue de la contribution. L'hypothèse de la loi 35 n'est pas la même que celle de la loi 78. Celle-ci, en effet, suppose qu'il y a deux masses en présence : le patrimoine paternel, le patrimoine maternel ; il est tout naturel que dans leurs rapports entre eux, chacun des héritiers tienne compte à son cohéritier de ce qu'il a perçu ou déboursé à raison du patrimoine qui doit lui rester étranger, d'après la volonté du défunt. Dans la loi 35, au contraire, il n'est question que d'un seul patrimoine, celui du défunt, composé de biens situés en différents lieux. L'hypothèse prévue par Ulpien dans la loi 35 étant différente de celle de la loi 78, l'on ne saurait invoquer la première pour expliquer la deuxième.

Justinien a apporté une modification considérable en ce qui concerne les institutions faites *ex re certa*. Il décide, en effet, dans une constitution que si le testateur fait une institution *ex re certa* et puis institue d'autres héritiers, sans leur assigner de parts ou pour une quote-part de l'hérédité, l'institution faite *ex re certa* ne vaudra que comme legs, et, en conséquence toutes les actions héréditaires compéteront exclusivement aux autres héritiers ou contre eux (Code, loi 13, *de hered. inst.*).

§ 4. **Des institutions faites avec assignation de parts.**

De la règle qu'un bourgeois (*paganus*) ne pouvait mourir partie testat partie intestat, il faut conclure que quand une personne autre qu'un militaire avait institué un seul héritier et lui avait assigné une part seulement de l'hérédité, cette institution ne pouvait être efficace dans les termes employés par le testateur. Seulement, comme dans le cas où un *dies certus* avait été ajouté à l'institution, l'on effaçait ce qui avait été ajouté, contrairement au vœu de la loi, l'institution n'en produisait pas moins son effet.

Lorsque le testateur instituait plusieurs héritiers, il pouvait le faire avec ou sans assignation de parts. L'institution faite sans assignation de parts n'en était pas moins valable ; celle faite pour une part qui n'existait pas, ne l'eût pas été. La distinction à établir entre ces deux catégories d'institutions était délicate et prêtait matière à difficulté. Si, par exemple, un testateur avait dit que Titius et Seius soient mes héritiers pour les parts que je leur assignerai et qu'il meure sans leur en avoir assigné, dans quelle classe devait-on ranger une semblable institution ? Fallait-il la faire rentrer dans la catégorie des institutions faites pour une part qui n'existe pas où, au contraire, dans celle des institutions faites sans assignation de parts ? Le jurisconsulte Marcellus était du premier avis. D'après lui, l'institution dont il s'agit était subordonnée à cette condition : « si je leur assigne des parts. » Cette condition étant défaillie, l'institution devait être sans effet. Ulpien, au contraire, d'accord avec Celsus, y voyait une double disposition. Pour lui, c'était comme si le testateur avait dit : « que Titius et Seius soient mes héritiers pour les parts que je leur assignerai. Que si je ne leur en assigne point, qu'ils le soient pour moitié. » Toutefois, ces derniers jurisconsultes ne donnaient cette décision qu'autant que la disposition du testateur se rapportait au temps futur. Que si, en effet, la disposition se rapportait au temps passé et que le testateur eût dit : « que Seius soit mon héritier pour la part pour laquelle il a été institué dans le testament de sa mère ; » si, dans ce testament il n'était institué pour aucune portion, en ce cas, Ulpien décidait comme Marcellus, que l'institution était sans effet, comme faite pour une part qui n'existait pas. (Dig., L. 2, *de hered. inst.*).

§ 3. Des institutions conditionnelles.

A la différence du *dies certus*, une condition

pouvait être ajoutée valablement à une institution. La raison en est que dans une institution conditionnelle, la condition pouvant s'accomplir d'un instant à l'autre, tout restait en suspens. Cette incertitude, en effet, écartait l'hérédité *ab intestat* qui ne pouvait venir que quand la défaillance de la condition avait rendu certaine l'absence de tout héritier testamentaire (Dig., L. 39, *de acq. vel omitt. hered.*). Jusqu'à l'événement ou à la défaillance de la condition, l'hérédité était *jacens*. Si la condition se réalisait, il y avait lieu à l'hérédité testamentaire, sinon à l'hérédité *ab intestat*. Mais il n'y avait jamais que l'une ou l'autre de déférée. Au contraire, si l'institution faite à terme (1) eût été maintenue jusqu'à l'arrivée du terme, il y aurait eu lieu à la succession *ab intestat;* puis à ce moment fût venu l'héritier testamentaire (2) en sorte que le défunt eût été partie *testat*, partie *intestat*, et que des héritiers auraient perdu cette qualité après l'avoir eue jusqu'à un cer-

---

(1) Je ne parle que du terme certain, car nous avons vu que le *dies incertus* était réputé en cette matière être une condition.

(2) La loi 41, *de test. mil.* au Dig., montre bien que la différence qui existait entre le terme et la condition était la conséquence du principe: « nemo paganus partim testatus partim intestatus decedere potest. » En effet, cette loi nous dit que le militaire qui n'était point tenu d'observer cette règle pouvait valablement instituer un héritier *ex die* ou *ad diem.*

tain temps : double conséquence que repoussaient énergiquement les idées romaines (Dig., L. 88, *de hered. inst.* ; L. 7, *de reg. jur.*).

En disant qu'à Rome une condition pouvait être ajoutée valablement à une institution, je n'ai voulu parler que de la condition suspensive. Quant à la condition résolutoire, la règle : « *semel heres semper heres* » défendait qu'on lui maintînt aucune efficacité ; il fallait en conséquence la tenir pour non écrite comme le *dies certus* ajouté à une institution.

DES CONDITIONS IMPOSSIBLES OU IMMORALES.

Il y avait primitivement divergence entre les deux principales sectes de jurisconsultes romains, sur la question de savoir si les conditions impossibles insérées dans les testaments devaient produire le même effet que celles ajoutées à un acte entre vifs. Les Sabiniens voulaient que dans l'un et l'autre cas la condition impossible invalidât l'acte lui-même. Les Proculéiens étaient d'accord avec les jurisconsultes de la secte opposée, quand l'acte était entre vifs ; que si au contraire la condition était insérée dans un testament, ils voulaient que l'on effaçât la condition impossible et que, sauf cette restriction, l'institution fût maintenue. Gaïus (comm. III, § 98) nous dit que cette question était controversée et il ajoute qu'il ne voit pas de raison pour soutenir le système des Proculéiens. Nonobstant l'avis contraire de Gaius, du temps de Paul l'opinion des Proculéiens avait prévalu (1) (sent. de Paul, liv. iv, tit. iv, § 2).

Il faut assimiler aux conditions impossibles celles qui sont immorales (2), celles-ci rentrent du reste dans les premières puisque, suivant l'expression de Papinien, un fait immoral est impossible pour un honnête homme (Dig., loi 14 *de cond. inst.*).

Pour justifier la différence introduite par les Proculéiens entre les actes entre vifs et les dispositions testamentaires, relativement à l'effet de la condition immorale ou impossible qui les accompagne, plusieurs motifs peuvent être donnés : l'on peut dire d'abord que dans les actes entre vifs, les deux parties ont été coupables en subordonnant leur convention à une condition immorale ou impossible ; que dans la confection d'un testament au contraire l'héritier n'est

____

(1) Notre Code est allé plus loin que les Proculéiens, puisqu'il a étendu aux donations entre vifs la décision qu'ils donnaient seulement pour les testaments.

(2) Toutefois la loi 15, *de condit. instit.*, nous dit que la condition potestative mais immorale, imposée au fils de famille par son père qui l'institue invalide l'institution elle-même. Cujas en donne comme raison que c'est qu'en ce cas la condition n'est plus potestative.

point intervenu ; annuler l'institution dont il est l'objet, serait donc le punir d'une faute à laquelle il est étranger. De plus, dans un testament la cause déterminante et impulsive, c'est la bienveillance, le désir de gratifier l'institué ; la condition qui peut y avoir été ajoutée n'est qu'accessoire. Le testateur n'y attachant qu'une importance secondaire, n'en a peut-être pas bien pesé la valeur. Au contraire, dans les contrats, une des parties ne s'oblige envers l'autre qu'en contemplation de l'avantage que celle-ci doit lui procurer. La condition y est quelque chose d'essentiel : si la condition est invalidée, il est juste que l'on fasse tomber aussi l'obligation qui y est corrélative. L'on peut ajouter que peut-être la condition qui paraît impossible ou immorale ne l'était aucunement dans la volonté de son auteur. Le sens qu'on prétend lui donner n'est peut-être que le résultat d'une mauvaise interprétation. Les parties qui ont contracté peuvent expliquer précisément leur intention. Quand le débat s'engage sur l'interprétation d'un testament, le juge ne saurait obtenir un pareil éclaircissement. Enfin l'infirmation d'un testament est très-grave en raison de ce qu'elle produit un effet irrémédiable ; elle rend forcément le défunt *intestat ;* ce que les Romains regardaient comme une sorte de

malheur. Aussi leurs jurisconsultes décidaient-
ils qu'une institution, dès qu'elle était conforme aux règles du droit, devait être maintenue bien qu'il puisse y avoir des doutes
même sérieux sur la volonté du testateur. C'est
dans cet esprit que nous les avons vus maintenir
les institutions faites à terme ou *ex re certa*.
Les lois 40 *de hered. inst.* au Dig. et le § 177 du
comm. II de Gaius nous présentent une application de la même idée.

DES CONDITIONS QUI INVALIDAIENT LA DISPOSITION MÊME A LAQUELLE ELLES ÉTAIENT AJOUTÉES.

De la condition ajoutée à l'institution du fils de famille.

Le père qui faisait son testament devait nécessairement s'occuper du fils qu'il avait en
puissance : l'instituer ou l'exhéréder. Il ne fallait point, en effet, que l'on pût se dire, après
la confection du testament, que le fils était
peut-être institué, que peut-être il ne l'était
pas ; de même pour l'exhérédation. Il résulte de
là que le père qui instituait son fils ne pouvait
ajouter à son institution les mêmes conditions
que s'il avait institué un étranger. On pourrait
peut-être même poser en principe que l'institution du fils de famille par son père ne pou-

vait être conditionnelle. Si donc un père instituait son fils en puissance sous une condition
casuelle, le testament n'était pas valable à cause
de l'incertitude qu'il y avait sur le point de savoir si le fils en puissance serait réellement institué ou non (L. 28, *de lib. et post.*, Code, loi 4,
de inst. et subst.). Que si le testateur instituant
son fils sous une condition casuelle l'avait exhérédé sous la condition contraire, la loi 28
de lib. et post. nous dit que le testament sera
valable pourvu que la condition se réalise du
vivant du fils. Sinon, le fils n'a été ni institué
ni exhérédé et en conséquence le testament se
trouve nul.

Mais le fils pouvait être valablement institué sous condition potestative, sans qu'il fût
besoin de l'exhéréder sous la condition contraire. La condition potestative, en effet, n'est
point en quelque sorte une condition, puisque,
à proprement parler, elle ne saurait défaillir,
mais peut seulement être négligée. *Quoniam
hæc conditio non proprie defici, sed omitti vide-
tur* (1), en sorte que si le fils ne vient pas à la
succession, il devra se l'imputer à lui-même.
Le jurisconsulte Julien nous dit qu'en ce cas,
si le fils n'accomplit pas la condition il ne devra
pas être réputé omis; qu'en conséquence, le

---

(1) Cujas sur la loi 4 *de hered. inst.*

testament n'en sera pas moins valable (L. 4 *de hered. inst.* au Dig.). Décider autrement ce serait permettre au fils de rendre à son gré son père intestat. En conséquence, si le fils a un cohéritier, celui-ci viendra immédiatement à la succession sans devoir attendre que le fils ait exécuté la condition sous laquelle il était institué. Que si le fils institué sous une condition potestative a un substitué, celui-ci ne viendra pas à la succession tant que vivra le fils, puisque lui-même peut devenir héritier; mais il acquerra cette qualité à la mort du fils sans que l'on puisse lui opposer le défaut d'exhérédation de celui-ci.

Nous avons supposé jusqu'ici que le fils institué sous condition potestative avait un cohéritier ou un substitué. Que décider s'il n'avait ni cohéritier ni substitué? S'il a exécuté la condition il sera héritier en vertu du testament; cela va de soi. Que s'il ne l'exécute pas, à qui reviendra la succession *ab intestat,* aux héritiers du fils ou bien aux héritiers du père? Il faut distinguer à cet égard : si la condition était de telle nature qu'elle ne pût se réaliser de son vivant, en ce cas, la condition de l'institution se trouvant défaillie, l'hérédité *ab intestat* s'est ouverte de son vivant; et il la transmettra avec la sienne à ses propres héritiers. Que si au contraire l'institution pouvait

toujours se réaliser en sorte qu'elle n'est défaillie que par la mort du fils, l'hérédité *ab intestat* ne s'étant ouverte qu'après sa mort, ne
s'est pas ouverte utilement pour lui. Le père
aura pour héritiers *ab intestat* ceux que la présence du fils eût écartés (1) (L. 28 *in fine, de
cond. inst.* au Dig.).

Quant à l'institution du fils posthume, la
règle à suivre c'est qu'il faut qu'au moment de
sa naissance, il n'y ait pas d'incertitude sur sa
situation (Dig., loi 22 et 24, *de lib. et post.*). Il
faudrait décider, en conséquence, qu'il pourrait être valablement institué sous une condition même casuelle sans être exhérédé sous la
condition contraire, pourvu que cette condition
se fût réalisée au moment de sa naissance.

La loi 6, § 1, nous dit que les restrictions
que nous venons d'examiner et qui avaient été
apportées à la faculté qu'avait le testateur
d'ajouter telles conditions qui lui convenaient
à l'institution par lui faite ne s'applique pas à
l'institution de son petit-fils et de ceux dont la
loi Velléia avait permis l'institution; et qu'en
conséquence, ils pouvaient être valablement
institués sous toute espèce de conditions.

---

(1) La même distinction devrait être faite dans le cas où
le fils aurait un substitué pour savoir à quel moment ce substitué succéderait au père.

Nous avons vu que la condition casuelle, ajoutée à l'institution du fils de famille, viciait son institution ; certaines autres conditions produisaient le même effet : ainsi les conditions dont les expressions mêmes impliquaient contradiction et que les commentateurs ont appelées perplexes. La loi 16, *de condit. inst.*, nous en donne l'exemple suivant. Un testateur avait dit : « Que Titius soit mon héritier si Mevius est mon héritier ; et que Mevius soit mon héritier si Titius est mon héritier ». Une telle disposition est tellement contraire aux règles de la logique qu'on la déclarait tout entière inefficace, comme l'expression d'une volonté déraisonnable.

De même encore si un testateur avait institué une personne en subordonnant son institution à la pure volonté d'un tiers, par exemple s'il avait dit : « *Si Titius voluerit, Sempronius heres esto* »; les jurisconsultes romains, du moins les plus anciens, déclaraient nulle une semblable disposition (Dig., lois 68 et 32, *de hered. inst.*).

Enfin, rangeons dans la même classe les institutions captatoires (1).

---

(1) Certains glossateurs avaient pensé que ce fut un sénatus-consulte Libonien qui prohiba ces sortes d'institutions. Cujas nous dit que c'est une erreur, ce sénatusconsulte ayant eu pour but de réprimer les fraudes qu'eussent pu commettre les scribes dans la rédaction des testaments.

Que faut-il entendre par institutions captatoires ?

Papinien les définit (Loi 70, Dig., *de hered.
inst.*) « *quarum conditio confertur ad secretum
alienæ voluntatis* », c'est-à-dire celles dont la
condition se rapporte à la volonté dernière
d'un autre que le testateur. Or, qui dit condition dit événement futur. Il s'ensuit qu'il faut
appeler institution captatoire celle par laquelle
le testateur instituerait l'héritier sous la con-
dion que celui-ci l'instituerait également dans
son testament. Serait aussi captatoire l'institution par laquelle le testateur instituerait
son héritier sous la condition que celui-ci instituerait un tiers. Peu importe, en effet, que
le testateur veuille capter pour lui ou pour
autrui. Dès qu'il y a tentative de captation, la
disposition ne peut valoir. Cujas (1) nous en
donne une définition plus claire encore : elles
sont la récompense d'un bienfait qui n'est point
encore reçu « *repensatio beneficii ante bene-
ficium* ».

Il ne faut donc point ranger au nombre de
ces sortes d'institutions celles qui ont pour but
de récompenser une institution déjà faite. Ainsi
donc serait valable l'institution par laquelle
j'instituerais Titius pour la part pour laquelle

___

(1) Sur la loi 70 *de hered. inst.*

lui-même m'a institué. En effet, de deux choses l'une, ou Titius m'a institué, ou il ne m'a pas institué : au premier cas, mon institution est valable ; au deuxième, elle ne l'est point, par la raison que j'aurai institué Titius pour une part qui n'existe point (Dig., loi 2, *de hered. inst.*).

Papinien fait remarquer que les institutions dictées par un sentiment de commune bienveillance ne tombent pas sous le coup du sénatusconsulte. La question de savoir si telles dispositions qui se présentent sous la forme d'une institution captatoire avaient été ou non dictées par un sentiment de mutuelle bienveillance était une question de fait que le juge devait décider selon les circonstances de chaque cause.

Enfin, il était certaines dispositions qui, bien que pures et simples, se rattachent aux institutions captatoires par ce caractère commun « que le testateur y avait en vue, un but illicite », et que la loi annulait comme elles. Je veux parler des institutions faites *calumniæ causa* et de celles dans lesquelles la désignation de l'héritier était injurieuse.

Les jurisconsultes désignaient, sous le nom d'institutions faites *calumniæ causa*, celles dans lesquelles un testateur ayant un procès engagé instituait pour son héritier un personnage puissant, par exemple l'empereur, de façon à ce que son adversaire succombât sûrement dans le procès engagé. La loi 91, *de hered. inst.*, nous les signale par la prohibition qu'elle en fait.

On annulait également les institutions dans lesquelles la désignation de l'héritier était injurieuse (Loi 9, § 8). En faisant une semblable disposition, en effet, le testateur paraît plutôt avoir voulu injurier l'institué que de le gratifier. La loi 48, § 1, cite un cas dans lequel l'institution était maintenue quoique la désignation de l'héritier fût injurieuse.

CHAPITRE IV.

DU PARTAGE DE LA SUCCESSION.

L'institution de plusieurs héritiers rend nécessaire le partage de la succession (L. 141, *de reg. juris.*). Il faut que l'hérédité soit distribuée tout entière entre les institués. Nulle part n'en doit rester vacante. C'est l'application de la règle que nul ne peut mourir partie *testat* partie *intestat*.

Il y a donc lieu d'examiner : 1° comment le partage de la succession devait être fait entre les institués; 2° quand un des institués faisait défaut, comment sa part, devenue vacante, accroissait aux autres institués. Comme la circonstance que des héritiers étaient conjoints ou disjoints, exerçait de l'influence sur le partage de la succession et sur le droit d'accroissement, disons d'abord quelques mots des héritiers conjoints ou disjoints.

Des héritiers conjoints ou disjoints.

Quand il y a plusieurs héritiers, ils peuvent être conjoints *parte et verbis*, ou conjoints *verbis* mais non *parte*, ou disjoints *tam verbis quam parte*.

Sont appelés conjoints *re et verbis*, ceux qui sont désignés par un nom collectif ou dont les noms sont réunis par la particule *et*. Les conjoints *parte et verbis* ne sont réputés former qu'une seule personne en ce qui concerne le partage et le droit d'accroissement, quand ils se trouvent en présence de cohéritiers dont ils sont disjoints. Si donc un testateur a dit : « *Atius heres esto;* » et puis : « *Duo Titii heredes sunto,* » il faudra diviser l'hérédité en deux parts égales : l'une sera pour Atius ; les deux Titius auront l'autre. Ne sont point réputés conjoints ceux qui, bien que désignés par un nom collectif ou ayant leurs noms réunis par la particule, ne paraissent avoir été ainsi désignés par le défunt que par manière d'abréviation ; ce qu'il faudrait conclure des expressions « *ex æquis partibus* » ajoutées à la disposition. Si donc un testateur a dit : *Primus heres esto, Secundus et Tertius heredes sunto ex æquis partibus*, ces dernières expressions auront pour effet de faire venir à l'hérédité les trois institués chacun pour un tiers (Dig., L. 13, *de hered. inst.*). Pothier appelle les institués de cette sorte conjoints *verbis* mais non *parte*. Ils sont dans la même position que les héritiers disjoints.

La loi 15, *de hered. inst.*, au Dig., nous fournit un exemple de conjoints *parte* mais non *verbis*. Elle suppose qu'un testateur avait fait la disposition suivante : « Que Titius soit mon héritier pour moitié ; que Seius soit mon héritier pour moitié. » Puis il avait ajouté : « Que Sempronius soit mon héritier pour la part pour laquelle Seius a été institué. » Il avait été admis, après controverse toutefois, qu'en ce cas l'hérédité devait être divisée en deux parts, dont l'une pour Titius, l'autre pour Seius et Sempronius ensemble.

Il paraît, en effet, résulter de la volonté du testateur que ces derniers soient conjoints *parte*, bien qu'ils ne le soient pas à ne s'en tenir qu'à la tournure de phrase de leur institution.

Trois hypothèses peuvent se présenter, suivant lesquelles les règles du partage sont différentes. Le testateur, en effet, peut n'avoir assigné de part à aucun des héritiers qu'il a institués. A l'inverse, tous les héritiers peuvent avoir été institués avec des parts assignées, ou bien enfin les uns ont des parts assignées, les autres n'en ayant pas.

Les héritiers sont institués sans parts assignées. — Dans cette hypothèse, tous les institués viennent à la succession pour des parts égales (L. 9, § 12, *de hered. inst.* au Dig.). Toutefois, si plusieurs des institués étaient conjoints, ils n'avaient ensemble qu'une part, car ils ne formaient qu'une seule personne relativement aux héritiers dont ils étaient disjoints, par exemple, si un testateur avait dit : « Que Mevius soit mon héritier, que Titius et Seius soient mes héritiers, » l'hérédité se divisait en deux parts égales : Mevius avait l'une de ces deux parts, Titius et Seius avaient ensemble l'autre part.

Chacun des héritiers institués a une part assignée. — Les Romains avaient une division solennelle de l'hérédité en douze onces. Chacune de ses fractions avait son nom propre, depuis l'once jusqu'à l'as (Dig., L. 50, *de hered. inst.*). L'once se divisait elle-même en demi onces *semunciæ*, et en quart d'onces *sicilici*. L'on désignait aussi l'once et demie par l'expression de *sescuncia*.

Cette division solennelle de l'as en douze onces n'avait rien d'obligatoire, et le testateur pouvait diviser sa succession comme bon lui semblait, et soit qu'il ait dépassé ou, qu'à l'inverse, il n'ait pas atteint le nombre douze dans les parts qu'il assignait, la disposition par lui faite n'en était pas moins valable. Ulpien nous indique comment, en ce cas, l'on ramenait la division adoptée par le testateur à la division solennelle en douze onces ; de telle sorte que la part d'as que le testateur avait omise de distribuer accrût proportionnellement aux parts assignées, ou, qu'à l'inverse, si le testateur avait distribué plus de parts qu'il n'y en avait dans l'as, l'on fît subir à chaque part une réduction proportionnelle (Dig., L. 13, § 2 et 3, *de hered. inst.*). Mais si l'on ne pouvait ramener la division adoptée par le défunt à la division solennelle en douze onces, sans changer la proportionnalité par lui adoptée, par exemple, si le testateur avait assigné 12 à Primus, 4 à Secundus, 5 à Tertius, en ce cas l'on s'en tenait aux chiffres pris par le défunt (L. 13, § 2, 6, 7, *de hered. inst.*, Dig.). La règle à suivre, en effet, c'était la volonté du testateur. Seulement, son interprétation prêtait souvent matière à difficulté. Les jurisconsultes se demandaient, quand un testateur avait institué des héritiers successivement, quelle interprétation il fallait donner à ces dispositions successives, et dans quelle proportion les dispositions postérieures restreignaient les précédentes. Il semble résulter des lois 47 et 78, § 2, du titre *de hered. inst.*, qu'il y avait eu controverse sur ce point.

Africain dans la Loi 47 suppose qu'un testateur a fait la disposition suivante : Que Titia, ma fille, soit mon héritière. S'il me naît des posthumes de mon vivant ou après ma mort, si ce sont des fils, qu'ils soient héritiers pour les trois quarts; si ce sont des filles, qu'elles le soient pour un quart. Un posthume est né : pour quelle part le posthume sera-t-il héritier? Africain répond qu'il faudra diviser l'hérédité en sept parts, dont quatre pour la fille et trois pour le posthume. Que si une fille posthume était née également, la fille instituée aurait moitié de l'hérédité, le posthume et la posthume ensemble l'autre moitié. Le jurisconsulte interprète la volonté du testateur en ce sens qu'il a voulu que sa fille Titia ait un as complet, et que quant aux posthumes qu'il instituait éventuellement, ils prissent leurs parts dans un second as.

Cette interprétation d'Africain paraît en opposition avec une interprétation de Papinien sur une espèce du même genre (Dig., l. 78, § 2, *de hered. inst.*). Dans cette loi, Papinien suppose que le testateur a institué ses deux fils *ex œquis partibus* et puis qu'il a institué son neveu pour deux onces; Papinien décide en ce cas, qu'il ne faut distribuer qu'un seul as dans lequel les frères ensemble prendront dix onces et le neveu les deux autres onces.

Cujas, pour concilier ces deux interprétations, dit que dans la loi d'Africain, le testateur avait institué sa fille *ex asse*, tandis que dans la loi de Papinien, les fils étaient institués sans part. La supposition de Cujas paraît gratuite; dans la loi d'Africain, en effet, Titia est instituée héritière, mais rien n'indique qu'elle le soit *ex asse*. Peut-être mieux vaudrait-il voir là une divergence entre les jurisconsultes, divergence que Justinien a tranchée dans le sens de Papinien (loi 3, au Code *de legatis*).

Certains héritiers sont institués avec assignation de part, les autres l'étant sans parts assignées. Il faut ici encore faire des distinctions; en effet, il se peut que les parts assignées ne fassent pas un as, ou le complètent juste, ou le dépassent. Si les parts assignées ne font pas un as, il faut entendre la volonté du testateur en ce sens, que les héritiers sans parts eussent ce qui restait pour compléter l'as (Dig., l. 17, *pr. de hered. inst.*).

Si les parts assignées réunies font un as, le

défunt est présumé avoir voulu que les institués sans part eussent ensemble un second as, qu'ils se partageraient entre eux; et en ce sens ils sont traités comme conjoints. Mais ils ne le sont pas relativement au droit d'accroissement; et la défaillance de l'un des institués sans assignation de part, profiterait à tous indistinctement; aussi bien à ceux institués avec des parts assignées, qu'à ceux institués sans assignation de parts (loi 17, § 1er et 4, *de hered. inst.*).

L'on s'était demandé dans cette hypothèse s'il ne fallait pas regarder les héritiers institués sans part comme substitués à ceux institués avec assignation de part. Mais cette interprétation ne prévalut pas (Dig., L. 53 *de hered. inst.*). Enfin les parts assignées par le testateur peuvent dépasser l'as. En ce cas, l'hérédité sera réputée distribuée en vingt-quatre et les institués sans part auront ce qui reste à distribuer pour atteindre ce chiffre. Que si les parts assignées dépassaient vingt-quatre, alors le testateur serait réputé avoir voulu diviser l'hérédité *en trente-six* (*tripondium*), et ce qui resterait pour compléter la troisième pesée serait pour les héritiers institués sans part (Dig., L. 18, 87, 17, § 3, *de hered. inst.*).

Pour savoir si les parts assignées ne complètent pas, complètent ou dépassent l'as, il faut tenir compte des parts des défaillants.

Cette manière de calculer est conforme à la volonté du testateur qui ne prévoirait pas certainement la défaillance des institutions par lui faites. Il faut décider en conséquence que si un testateur a fait l'institution suivante : *Titius heres esto ex quadrante, Mevius ex dodrante, Sempronius heres esto.*

Sempronius prendrait le deuxième as, lors même que Titius serait mort du vivant du testateur et qu'ainsi en fait une part se fût trouvée vacante dans le premier as (Loi 20, § 1, *de hered. instit.*).

Il faut remarquer que pour qu'une institution fût réputée faite avec assignation de parts, il n'était point nécessaire que cette assignation fût faite en chiffres. Elle pouvait être faite par équivalent. Si un testateur avait dit : Que Titius soit mon héritier pour la part pour laquelle il est mon associé dans la ferme des gabelles, cette institution était réputée faite avec assignation de parts (L. 59, § 1, *de her. inst.*).

DE L'ACCROISSEMENT.

De la règle déjà citée plus d'une fois, qu'un romain non militaire ne pouvait mourir partie testat partie intestat ; il faut tirer la conséquence que si l'un des héritiers institués par le testateur ne pouvait par une cause quelconque venir à la succession, sa part n'allait pas aux héritiers *ab intestat* du défunt. Il y avait donc lieu de se demander à qui elle devait être attribuée. En général, c'était au cohéritier du défaillant. C'est là ce que l'on appelle le droit d'accroissement. Trois périodes distinctes sont à considérer en cette matière : 1° *avant les lois caducaires* ; 2° sous l'empire de ces lois ; 3° après que ces lois ont cessé d'être en vigueur.

Dans l'ancien droit, antérieurement aux lois caducaires, pour quelque cause que ce fût que l'institution d'un des cohéritiers ne produisît pas son effet, la part restée vacante accroissait à ses cohéritiers, de telle sorte que si, avec lui, un autre héritier était institué conjointement, celui-ci profitait de la part vacante (L. 20, § 2, *de hered. instit.*). Que si contraire le défaillant n'avait pas de conjoint, la part vacante accroissait également à tous les cohéritiers en proportion de leurs parts héréditaires.

L'accroissement se faisait au profit de la part et non au profit de la personne des cohéritiers. D'où la conséquence que pour bénéficier du droit d'accroissement, il n'était plus nécessaire que celui qui l'invoquait fût dans les conditions de capacité nécessaires pour profiter d'une institution. Si donc l'un des cohéritiers, Primus par exemple, ayant fait adition, était mort avant la défaillance de l'institution de l'un de ses cohéritiers, la part vacante de ce dernier était recueillie par les propres héritiers de Primus; résultat qui ne se fût pas produit, si les cohéritiers avaient été substitués réciproquement; car en ce cas la part de l'héritier défaillant eût été recueillie par ceux-là seuls des cohéritiers qui eussent été capables au moment de la défaillance.

C'est en ce sens qu'il faut entendre que la part accroît, non à la personne, mais à la part. Ajoutons que la part dont il s'agit ici est la part juridique considérée comme droit, et indépendamment des objets qui la composent.

Dans ces conditions, l'accroissement avait lieu forcément. Par conséquent, c'eût été vainement qu'un des institués se fût efforcé d'empêcher la part de son cohéritier devenue vacante de se réunir à la sienne. Décider autrement, c'eût été permettre à l'un des héritiers institués de faire mourir le défunt partie testat et partie intestat (Dig., L. 53, § 1, *de adquir. vel omitt. hered.*)

Les lois caducaires apportèrent des changements considérables dans la législation en ce qui concernait le droit d'accroissement. L'on sait que ces lois, rendues sous Auguste, avaient un triple but : punir le célibat, encourager le mariage, et ensuite enrichir le trésor public (1).

A ce point de vue, elles divisent les citoyens en diverses catégories. Suivant qu'ils ont obéi ou non au vœu de la loi, elle les frappe de déchéance ou leur donne des prérogatives. Le célibataire ne peut rien recueillir dans la succession de la personne qui l'a institué. L'homme marié sans enfants peut recueillir seulement jusqu'à concurrence de la moitié de la succession, à moins que l'un et l'autre ne fussent dans un âge qui les excusât de n'avoir pas rempli cette double condition, ou qu'ils ne fussent cognats du testateur en deçà du septième degré (2).

Dans ces deux cas, la loi leur laissait le *jus capiendi*, mais non le *jus caduca vindicandi*.

Ces lois introduisirent d'autres déchéances. Elles décidèrent que si l'institué mourait ou devenait incapable, *peregrinus* par exemple, dans l'intervalle entre la mort du testateur et l'ouverture des tablettes du testament, époque

---

(1) Si a privilegiis parentum cessaretur, velut parens omnium populus vacantia teneret (Tacite, Annales, liv. iii, nᵒ 28.)

(2) Il faut supposer de plus que le cœlebs et l'orbus sont demeurés tels jusqu'au jour de la mort du testateur, ou jusqu'à l'expiration du délai de la crétion. Que s'ils avaient obéi au vœu de la loi à cette époque, c'eût été encore en temps utile.

avant laquelle elles ne permettaient pas de faire
adition ou si enfin, dans le même intervalle,
il renonçait à la succession, les parts devenues
vacantes par l'effet de ces déchéances seraient
assimilées à celles que le latin Junien, l'*orbus*
ou le *cælebs* ne pourraient recueillir. Elles reçurent le nom générique de caducs. Ce sont les
caducs proprement dits. Le droit d'accroissement ne leur fut plus applicable : ils furent
dévolus par un droit nouveau qui fut appelé
jus caduca vindicandi (Ulpien, *reg. jur.*, tit. XIX,
§ 17) aux institués *patres* s'il y en avait dans le
testament et à leur défaut au trésor public (1).
Jusqu'ici il n'a été parlé que des caducs proprement dits. Les lois Julia et Papia Poppea
assimilèrent presque complétement aux caducs
proprement dits les dispositions que frappaient
des déchéances antérieures. C'était : 1° si l'institué mourait ou perdait sans l'avoir recouvrée,
la *factio testamenti* entre la confection du testament et la mort du testateur ; 2° si l'institué
renonçait ou devenait incapable après l'ouverture des tablettes du testament; 3° si l'institution étant conditionnelle, la condition était

---

(1) Il fallait toutefois pour que le fisc profitât de l'institution, que le testament fût soutenu par une adition et par
conséquent que l'un des institués au moins eût le *jus capiendi*
(Gaius comm. II, § 144).

défaillie (1). Ces parts vacantes assimilées aux caducs reçurent le nom de quasi-caducs ou *in causa caduci*. La dévolution des quasi-caducs est la même que celle des caducs proprement dits. Seulement à la différence des caducs proprement dits, auxquels le droit d'accroissement n'était plus jamais applicable, la dévolution des quasi-caducs continua à avoir lieu exceptionnellement par le droit d'accroissement quand le cohéritier du défaillant était un ascendant, ou un descendant du testateur jusqu'au troisième degré (fragm. d'Ulpien, tit. xviii). Par exemple, si le testateur ayant institué pour héritier son fils et un étranger, celui-ci meurt avant le testateur, le fils bien que n'étant pas *pater* n'en aura pas moins la part du cohéritier défaillant. C'est qu'il a, en sa qualité de descendant, le *jus antiquum in caducis* et qu'en conséquence il vient en vertu du droit d'accroissement. Justinien (loi unique au Code de *caducis toll.*) nous donne le motif pour lequel les lois caducaires laissèrent aux parents en ligne directe jusqu'au troisième degré le droit de profiter des quasi-caducs. C'est, dit-il, qu'il eût été trop odieux (*lex erubuit*) d'enlever à des pa-

---

(1) La loi unique au Code *de caducis, tollendis* semble indiquer ce dernier cas dans son § 2. Je ne l'avance toutefois qu'avec la plus grande réserve.

rents si proches un droit dont tous jouissaient jusque-là. Sauf cette exception, les quasi-caducs aussi bien que les caducs proprement dits n'étaient pas soumis au droit d'accroissement; mais ils étaient comme eux dévolus aux institués *patres* en vertu de leur *jus caduca vindicandi* et à leur défaut au trésor public.

Quant aux dispositions nulles *ab initio, quæ sunt pro non scriptæ*, comme celle par laquelle un testateur eût institué une personne qu'il croyait vivante, mais qui, en réalité, était morte au moment où il l'instituait, le droit d'accroissement continua à être applicable.

Ainsi, on le voit, les lois caducaires avaient presque complétement détruit le droit d'accroissement, puisqu'il ne s'appliquait plus que dans deux cas : 1° quand la disposition était tenue *pro non scripta*, c'est-à-dire était nulle *ab initio*; 2° quand la disposition se trouvant frappée d'une déchéance antérieure à celles prononcées par les lois caducaires, et rentrant partant dans la classe des quasi-caducs, l'un des institués était un parent en ligne directe du testateur jusqu'au troisième degré (1).

------

(1) Les substitutions réciproques fournirent un moyen au testateur d'éviter l'effet des lois caducaires. Si en effet instituant deux héritiers Primus et Secundus, j'ai ajouté et *invicem substituti sunto*. Si Secundus n'a pas d'enfant et qu'il

Les lois caducaires abrogées par les fils de Constantin en ce qu'elles atteignaient le célibat (Code, l. 1, *de infirm. pœn. cœlib.*), furent formellement abolies par Justinien (C., loi unique, *de caducis tollendis*), en sorte que les règles anciennes sur le droit d'accroissement reprirent leur empire comme avant l'existence des lois caducaires.

---

ne se trouve point dans l'une des deux classes de personnes exceptées il ne peut recueillir; Primus, pourvu qu'il ait le *jus capiendi* recueillera cette part vacante, lors même qu'il n'aurait pas le *jus caduca vindicandi*.

DROIT FRANÇAIS

DU LEGS UNIVERSEL.
(Art. 1003-1009.)

PRÉLIMINAIRES.

Avant 1789, dans les nombreuses provinces de la France comprises sous la dénomination de pays de droit écrit, les principes du droit romain que nons venons d'exposer étaient encore en vigueur. Là encore, l'institution d'héritier est *caput et fundamentum testamenti* ; l'institution pour un objet déterminé donne vocation à toute l'hérédité.

Toute autre était sur ces matières la législation des pays coutumiers. Ils étaient restés plus profondément imprégnés des idées germaines.

L'on y répétait la maxime : « Dieu seul fait des héritiers. » En Germanie, Tacite nous l'atteste, le testament n'existait pas : « *heredes successoresque sui cuique liberi et nullum testamentum* (1)». En pénétrant sur le territoire de l'Empire, les Germains apprirent à le connaître et ne tardèrent pas à en user. Le clergé, si puissant alors sur l'esprit de ces peuples récemment convertis, encouragea cette tendance de toute son influence. Le testament n'en resta pas moins pour les Germains une institution d'origine étrangère. Aussi, notre droit coutumier s'y montre-t-il peu favorable et ne lui permet de faire que des légataires.

Certaines coutumes (celles de Vitry, Meaux, Chaumont) annulaient tout testament dans lequel un héritier était institué. D'autres, attachant moins d'importance à la formule employée par le testateur, faisaient valoir cette disposition comme legs ; de ce nombre était la coutume de Paris. D'autres enfin, sous l'influence des idées romaines, admettaient les institutions d'héritier comme valables en tant que legs. Telles étaient les coutumes de Franche-Comté et de Bourgogne.

Cette diversité de législation sur les institu-

______

(1) *De Moribus germanorum.*

tions faisait naître une question intéressante.
Il y avait lieu, en effet, de se demander, quand
une personne mourait laissant des biens dans
des pays de coutumes et d'autres dans des pays
de droit écrit, comment devait être exécuté
son testament, soit qu'elle testât dans les uns
ou dans les autres. Remarquons tout d'abord,
avec Boullenois, que l'institution d'héritier ne
devait point être rangée dans la classe des formalités extrinsèques, auxquelles s'applique la
règle : « *locus regit actum.* » En effet, disait
Boullenois, si l'institution est de pure formalité, comment une coutume sera-t-elle en droit
de rejeter une pareille institution, sur le fondement qu'elle n'admet pas cette formalité quand,
d'ailleurs, elle est admise dans le lieu d'où part
l'acte qui en est revêtu ? Si cette coutume n'a
pas le droit de rejeter l'institution d'héritier,
parce qu'elle est reçue et admise dans le lieu
d'où l'acte est émané, il faudra donc dire que
l'institution aura son effet dans cette coutume
contre sa disposition précise, ce qu'on ne peut
admettre, et ce qui fait connaître que l'institution d'héritier doit être regardée autrement
que comme pure formalité. Justinien n'a point
parlé de la nécessité de l'institution d'héritier
pour la validité du testament dans le titre *de
testamentis ordinandis,* qui est pourtant le lieu
où il aurait dû s'en occuper s'il avait cru que

l'institution ne fût que de pure forme. Il faut donc dire que l'institution d'héritier, permise dans les pays de droit écrit, est une disposition qui, à la vérité, est la base et le fondement du testament, mais toujours disposition véritable de l'hérédité. Comme dans les pays coutumiers, le legs universel est une disposition par laquelle le testateur dispose de tous ses biens. Il faut conclure de là que l'institution d'héritier était un acte purement réel, c'est-à-dire que quand un testateur avait des biens situés dans des lieux où il était permis de disposer de son hérédité par testament, il était juste que l'institution y eût son effet ; que quand, au contraire, les biens étaient régis par une loi défendant toute disposition de l'hérédité, il fallait se conformer aux termes de cette loi.

« Mais que décider, si un testateur habitant un pays de coutumes et ayant des biens dans un pays de droit écrit, n'avait point fait d'institution ? Au premier abord et à s'en tenir aux principes ci-dessus énoncés, il semble qu'il eût fallu déclarer non valable une semblable disposition. Le contraire était pourtant universellement admis, et cela par suite de l'interprétation que l'on donnait à la volonté du testateur : « Si, en effet, dit Boullenois, un homme ayant ses biens dans un pays de droit écrit, teste en pays de coutumes, et remplit toutes les formalités probantes requises dans le lieu pour les testaments, mais en place de faire une institution d'héritier, fait un legs universel, l'on ne peut douter que ce soit par suite de l'ignorance où cet homme était des termes qu'il fallait employer, ignorance que partageaient probablement les personnes publiques devant lesquelles il a passé son testament. Accoutumées à leur style et à l'expression de legs universel, elles ont employé cette expression plutôt que celle d'institution d'héritier, qu'elles ne connaissent peut-être pas. Il y avait donc lieu de supposer que l'homme qui disposait ainsi de ses biens avait l'intention de faire ce que la loi lui permettait; et qu'en conséquence, il y aurait rigueur à frapper de nullité une disposition qu'il croyait faire valablement. Cette interprétation fut confirmée expressément par l'ordonnance de 1735.

Certaines coutumes, nous le savons, prohibaient tellement les institutions d'héritier qu'elles ne leur donnaient pas même la force de legs. Que décider, si un homme ayant ses biens situés dans le ressort de l'une de ces coutumes, mais habitant un pays de droit écrit, avait institué un héritier? Il semblerait que l'on dût donner, de la disposition du testateur, une interprétation analogue à celle de l'espèce précédente. Merlin (1) nous dit qu'en ce cas ce serait donner trop d'empire à la volonté présumée du testateur en présence des dispositions de ces coutumes qui annulent tout testament dans lequel une institution est contenue. Il décidait, en conséquence, qu'il fallait dans l'espèce s'en tenir à la pure réalité des lois et des coutumes sur la matière des institutions d'héritier, et dire que toute disposition de cette nature, en quelque lieu et par quelque personne qu'elle fût faite, n'avait point d'effet dans les coutumes dont il s'agit, et valait ailleurs comme legs ou comme institution, suivant les coutumes des lieux où les biens étaient situés.

-----

(1) Sur le mot : Institution d'héritier. Répertoire, sect. I, § 7.

DROIT ACTUEL.

Avant-propos sur la capacité requise dans la personne du légataire universel.

Quelles personnes peuvent être légataires universels.

L'art. 902 répond à cette question : « Toutes personnes peuvent recevoir par testament, excepté celles que la loi en déclare incapables. » Recherchons les personnes auxquelles la loi retire la capacité :

1° Au premier rang des incapables, nous devons placer les personnes qui n'existent pas encore au moment du décès du testateur. Nous avons vu précédemment que le droit romain s'était montré plus sévère à cet égard, du moins dans les premiers temps. Primitivement, pour être institué, il fallait que l'institué vécût au moment de la confection du testament. Le droit civil avait fait exception à cette règle en faveur des posthumes siens. Justinien, sanctionnant l'étendue que le préteur avait donnée à cette exception, permit d'instituer les posthumes externes.

Chez nous, l'enfant non encore né peut être valablement institué héritier ou légataire universel, pourvu toutefois qu'il soit déjà conçu au moment de la mort du testateur. Il faut de plus qu'il naisse vivant et viable. Les art. 1048, 1049 et 1082 contiennent des exceptions au principe que, pour être capable de recevoir par testament, il faut être conçu au moment de la mort du testateur.

Que décider, si le legs fait à une personne non encore conçue au moment de la mort du testateur était conditionnel ? Faut-il dire qu'en ce cas il suffira que le légataire soit conçu au moment de l'arrivée de la condition ? Je ne le pense pas, en présence de l'art. 906, qui exige que le légataire soit conçu au moment de la mort du testateur, sans distinguer si le legs est conditionnel ou non. De plus, le legs conditionnel, bien que ne devant produire tout son effet qu'à l'arrivée de la condition, n'en a pas moins, *hic et nunc*, une certaine efficacité : il donne (art. 1180), à celui au profit duquel il est fait, la faculté de faire des actes conservatoire de son droit ; or, pour pouvoir user de ce droit, il faut être existant ou au moins conçu.

2° *Les corporations*, *les cités*, ne pouvaient pas non plus, dans le droit romain primitif, être valablement instituées. Au temps de Justinien elles avaient cette capacité ; chez nous, des restrictions y ont été apportées dans l'intérêt des familles. Les corporations ou communautés qui existent en fait, mais qui n'ont point été constituées personnes morales, ne sauraient recueillir des legs, pas plus universels que particuliers. Quant à celles qu'une loi a constituées personnes morales, elles peuvent recevoir par testament, à la condition, toutefois, de se faire autoriser spécialement par arrêté du préfet ou décret impérial, suivant la distinction énoncée au décret du 25 mars 1852.

3° Les condamnés à une peine afflictive perpétuelle sont frappés de l'incapacité de recevoir. Ils ne peuvent recueillir que les libéralités qui leur seraient faites à titre d'aliments (loi du 31 mai 1854).

4° L'étranger, d'après l'art. 912 du Code, ne pouvait recevoir de dispositions testamentaires qu'autant que la loi de son pays eût permis à cet étranger de disposer en faveur d'un Français. Cet article a été formellement abrogé par la loi du 14 juillet 1819.

5° Les tuteurs relativement à leurs pupilles

se trouvent frappés d'une double incapacité de recevoir par testament.

Tant que dure la tutelle, le pupille ne saurait valablement instituer son tuteur, même pour la portion dont la loi lui permet de disposer en faveur de toute autre personne (article 904). Lorsque la tutelle a cessé, cette incapacité dure encore tant que le compte de tutelle n'a pas été rendu et apuré.

Remarquons qu'ici la loi n'exige pas, pour que la disposition soit valable, qu'un laps de temps de dix jours se soit écoulé depuis l'apurement du compte, comme elle le fait dans l'art. 472. Sous la dénomination de tuteur, il faut comprendre, et le cotuteur qui répond avec sa femme de l'administration de la tutelle, et le protuteur qui administre dans les colonies les biens du pupille demeurant en France; car ce sont de véritables tuteurs. Cette incapacité, établie à l'égard des tuteurs en général, ne s'applique pas aux ascendants du mineur qui se trouveraient investis de sa tutelle. En ce cas, en effet, leur qualité d'ascendants motive suffisamment la disposition faite en leur faveur pour qu'on n'y voie pas le résultat de manœuvres captatoires.

6° Les médecins, chirurgiens, pharmaciens qui auraient traité un malade pendant sa dernière maladie; le ministre du culte qui lui au-

rait donné les secours de la religion sont dé-
clarés, pour des motifs de défiance analogues,
incapables de profiter des dispositions testamentaires faites par le malade en leur faveur
pendant le cours de sa dernière maladie.

Deux exceptions sont apportées à cette règle :

Sont valables d'abord les dispositions rému-
nératoires faites à titre particulier et qui, relativement à la fortune du testateur, ne dépassent
pas la limite d'une simple récompense.

La seconde exception a pour motif la parenté ;
elle consiste en ce que le malade qui n'a pas de
descendants en ligne directe peut valab ement
faire une disposition universelle en faveur de
son médecin ou du ministre du culte qui l'a assisté, pourvu que celui-ci se trouve son parent au
quatrième degré ; que s'il avait des héritiers en
ligne directe, il le pourrait encore, si le médecin ou le ministre était au nombre de ces héritiers.

Je crois qu'il y aurait lieu d'appliquer la disposition de l'art. 909 aux pasteurs protestants
et rabbins juifs, en un mot au prêtre de toute
religion qui aurait assisté un mourant dans sa
dernière maladie aussi bien qu'au prêtre ca-
tholique. L'expression générique de *ministre du
culte* employée par l'art. 909 me semble exiger
cette interprétation.

7° Les enfants naturels avaient été par la loi

du 12 vendémiaire an II, mis sur la même ligne que les enfants légitimes, et venaient en conséquence comme ces derniers et pour la même portion à la succession de leurs père et mère. Une pareille disposition ne tendait à rien moins qu'à renverser de fond en comble l'organisation de la famille et à discréditer le mariage. Aussi les rédacteurs du Code la repoussèrent-ils. Ils fixèrent donc la part de l'enfant naturel, en concours avec des héritiers de son auteur, à une certaine quotité graduée en raison inverse de la proximité des héritiers laissés par le défunt. La loi ne veut pas qu'ils aient rien au-delà de la part qu'elle leur assigne; l'art. 908 est l'expression de cette volonté du législateur; il défend de laisser par testament à l'enfant naturel au-delà de ce qui lui est accordé au titre des successions dans les art. 757 et 758. Il s'ensuit que l'enfant naturel ne saurait être légataire universel qu'autant que le testateur ne laisserait pas d'héritiers au degré successible.

Les héritiers du sang du père naturel peuvent se prévaloir de la disposition de l'art. 908, ce n'est pas douteux. Un légataire universel le pourrait-il également? Je n'hésite pas à le décider; autrement on arriverait à un résultat des plus choquants. Une personne a un frère et un enfant naturel. Elle fait à ce dernier donation de tous ses biens. Dans cette hypothèse il n'est pas douteux que le frère ne puisse se prévaloir de l'art. 1008 contre l'enfant naturel et faire réduire sa donation de moitié, que si nous supposons que le père naturel a fait un legs universel, le légataire aura droit, à notre avis, de demander la réduction de la donation faite à l'enfant naturel comme aurait pu le faire le frère lui-même. Autrement ce serait permettre au père d'un enfant naturel d'éluder la disposition de l'art. 908 sans qu'il eût d'autre peine à prendre que de faire un legs universel;

8° Les officiers du vaisseau sur lequel était embarqué le testateur au moment où il a fait son testament ne peuvent recevoir aucun legs, à moins qu'ils ne soient ses parents. L'art. 997 a emprunté cette disposition à l'ordonnance d'août 1681, livre I, titre 10, sur la marine, qui l'exprimait en termes à peu près identiques. Ici c'est une présomption d'abus d'autorité qui fait invalider la disposition testamentaire.

9° Les témoins du testament par acte public, leurs parents ou alliés jusqu'au 4e degré inclusivement ne peuvent recevoir de legs dans le testament où ils figurent comme témoins (articles 975) : leur témoignage, en effet, ne serait plus désintéressé et ne mériterait plus la même foi.

De ce que nous avons dit en commençant, en

cette matière la capacité est la règle, l'incapacité l'exception, il faut conclure que toutes personnes autres que celles dont la loi a prononcé l'incapacité peuvent valablement être l'objet d'un legs universel. En conséquence, il faut décider que les incapacités de notre ancien droit que le Code n'a pas reproduites, par exemple les prohibitions qui défendaient aux novices d'instituer les établissements religieux dont ils faisaient partie, aux concubinaires de se faire des legs réciproquement, ne sauraient être maintenues dans notre droit. Par application du même principe l'on ne saurait étendre l'incapacité du tuteur au subrogé tuteur.

Voyons maintenant à quelle époque la capacité est requise dans la personne du légataire? Le législateur ne s'est pas formellement expliqué sur ce point. Le droit romain exigeait, quant aux legs purs et simples, la capacité dans la personne du testateur, tant au moment de la confection du testament qu'à celui de son décès ; c'était l'effet de la règle Catonienne. Cette règle, qui était encore observée dans nos provinces de droit écrit, ne paraît pas s'être étendue aux pays coutumiers. Loin de là, Ricard (1) soutenait que la capacité suffisait dans la personne de l'institué au moment de la mort du testateur.

____

(1) Ricard, Donations, nos 829 et 830.

« La prévoyance du testateur, disait-il, n'ayant lieu que pour l'avenir et pour le temps auquel il a voulu que sa volonté eût effet, de sorte que quand le légataire serait incapable au temps que le testament a été fait, on doit présumer que le testateur a prévu que le légataire pouvait acquérir sa capacité dans le temps qui devait s'écouler jusqu'à l'exécution du testament, tous ses soins et sa volonté dans cet ouvrage n'étant attachés qu'à la considération du temps futur et non de celui auquel il agit. » Bourjon (1) nous dit, comme Ricard, que la capacité du légataire est suffisante au moment de l'échéance du legs.

Les rédacteurs du Code ont adopté cette règle. L'art. 906 en est la preuve. Il décide, en effet, que pour recevoir un legs il n'est pas nécessaire d'être conçu au moment de la confection du testament. Il en faut conclure *a fortiori* qu'il n'est pas nécessaire d'être capable à cette époque, en sorte que la capacité dans la personne du légataire suffit au moment de la mort du testateur et de l'événement de la condition si le legs est conditionnel.

____

(1) Droit commun de la France (tome 2, page 299, § 4).

DU LEGS UNIVERSEL.

CHAPITRE Ier,

QUELS LEGS SONT UNIVERSELS.

Nous avons vu qu'avant 1789, dans certaines de nos provinces, les principes du droit romain sur les institutions d'héritier s'étaient maintenues, qu'un testament n'était valable qu'à condition de contenir l'institution d'héritier, L'institué succédait à la personne, il était *successor juris* du défunt, lui seul pouvait exercer les actions actives qui compétaient au défunt, et par contre, était exclusivement exposé aux poursuites des créanciers héréditaires, Dans d'autres provinces, au contraire, l'on ne permettait point à l'homme de se donner d'héritier par testament : il ne pouvait faire que des légataires.

Les rédacteurs du Code se trouvaient en présence de ces législations différentes ; ils les fondirent en une seule. Les articles 967 et 1002 décident, en effet, que quelque expression que le testateur emploie, qu'il fasse une institution d'héritier ou seulement un legs universel, la disposition par lui faite sera valable et produira le même effet.

L'art. 1002 du Code Nap., se plaçant au

point de vue du plus ou moins d'étendue que peuvent avoir les disposions testamentaires, divise les legs en universels, à titre universel et à titre particulier. C'est de la première de ces trois classes que j'ai à m'occuper exclusivement.

Que faut-il entendre par legs universel ?

L'art. 1003 définit le legs universel la disposition testamentaire par laquelle le testateur donne à une ou plusieurs personnes l'universalité des biens qu'il laissera à son décès; il suit de là que pour savoir si un legs est universel, il faut se demander s'il donne vocation positive à l'universalité des biens du défunt; que s'il donne cette vocation, le legs est universel, lors même qu'en fait, le légataire n'en retirerait pas le moindre émolument. Si donc, j'ai dit dans mon testament : je lègue tous mes biens à Paul, ou bien, je lègue à Paul tous les biens que je laisserai à mon décès, ce legs est universel ; de même si je lègue tous mes biens à Pierre et Paul, j'ai fait deux legs universels, car chacun des deux légataires se trouve avoir vocation à la succession entière. Si, en effet, Paul fait défaut, soit parce qu'il meurt avant moi, soit par tout autre motif, Pierre prendra tout à lui seul. Il est vrai que s'ils viennent

tous deux, chacun n'aura que la moitié des biens
du testateur. Mais cela ne tient pas à ce que la
vocation leur ait manqué pour obtenir le tout,
c'est seulement la conséquence du concours du
droit rival de son colégataire, concours qui a
amené la nécessité d'un partage. C'est ce que Papinien exprimait en ces termes : « Conjunctim
« legari aut conjunctim heredes institui, hoc
« est totam hereditatem, tota legata singulis
« data esse, partes autem concursu fieri. »

Il faudrait donner la même décision si le
testateur avait dit : Je lègue tous mes biens à
Pierre, je les lègue également à Paul (1). Que si
un autre testateur eût dit : je lègue la moitié
de mes biens à Pierre et l'autre à Paul, ce testament contient-il des legs de même nature que
le précédent? Non certes, et les effets de chacun
sont bien différents. Le premier de ces testaments comprend, en effet, deux legs universels;
le second, deux legs à titre universel; de là, il
faut tirer la conséquence que si Paul, dans le

---

(1) On est généralement d'accord que les difficultés que
font naître les art. 1044 et 1045 au sujet du legs de la même
chose faite à deux personnes séparément, ne doivent s'élever
qu'au sujet des legs particuliers et nullement à l'occasion des
legs universels. Aussi dirons-nous que le legs universel fait à
deux personnes par des phrases distinctes et séparées (*con-
juncti re tantum*) admet le droit d'accroissement, quand
même l'hérédité est très-susceptible d'être divisée sans dété-
rioration.

premier, ne recueille pas, Pierre recueillera le tout par droit d'accroissement. Dans le deuxième, lors même que Paul fait défaut, Pierre n'a jamais que la moitié, parce que sa vocation, bien déterminée par le testateur, n'était que de la moitié.

Autre différence : les légataires appelés dans le premier testament auront la saisine, s'ils ne se trouvent pas en concours avec des héritiers réservataires ; ceux appelés dans le deuxième testament n'auront jamais la saisine.

Enfin, dans le premier cas, en supposant que les légataires rencontrent des héritiers à réserve, circonstance qui les empêcherait d'avoir la saisine, ils auront néanmoins droit aux fruits à partir du décès du testateur, si leur demande a été formée dans l'année : la loi l'a formellement décidé (art. 1005) ; tandis que, dans le second cas, ils n'auraient droit aux fruits qu'à partir de la demande en délivrance par eux faite ; ce dernier point toutefois est très-contestable, le législateur ne s'en étant pas occupé expressément.

Il se peut qu'un testateur ait légué tout son disponible ; les uns voient dans de semblables dispositions un legs universel : en effet, disent-ils, cette disposition contient vocation au tout, puisque si, au moment de la mort du testateur, celui-ci n'a pas d'héritier à réserve, tous ses biens passeront au légataire universel. De plus, cette opinion s'appuie sur l'art. 1010. Cet article, définissant le legs à titre universel, nous dit en effet que ce legs est celui dans lequel le testateur lègue une partie des biens dont la loi permet de disposer. Donc *a contrario* le legs par lequel un testateur lègue tous les biens dont il peut disposer est un legs universel.

Dans une seconde opinion, on répond que l'argument tiré de l'art. 1010 ne saurait valoir. En effet, il semble étrange d'aller chercher un argument *a contrario* pour définir un legs dont la définition est positivement donnée dans l'article 1003. C'est là où le législateur s'est occupé de la définition du legs universel, et non ailleurs qu'il faut prendre cette définition. Le legs du disponible, de la quotité disponible, de tout ce dont je pourrai disposer, est, d'après cette deuxième opinion, un legs dont la nature ne peut être déterminée *a priori*. C'est l'évènement qui déterminera *ex post facto* cette nature. En effet, si, au jour de son décès, le testateur ne laisse aucun héritier à réserve, la vocation éventuelle au tout se trouve réalisée, tout le patrimoine du défunt étant disponible. On peut dire alors que le legs était universel. Mais si, au jour de son décès, le testateur laisse des héritiers à réserve, l'évènement nous apprend que le testateur n'a voulu et entendu léguer que ce qui est disponible, et par conséquent il n'a appelé le légataire qu'à une quote. Donc le legs, d'après l'intention du testateur, n'est qu'à titre universel.

Dans ce système l'on traduit, tout en restant dans la pensée du testateur, les legs ci-dessus mentionnés de la manière suivante : « Je lègue à un tel tous mes biens, si lors de mon décès je n'ai pas d'héritiers à réserve ; mais je ne lui lègue que la quotité disponible, si je laisse des héritiers à réserve. » Il y a donc une condition prévue par le testateur, dont la réalisation déterminera la nature du legs.

Lorsqu'après avoir légué à une personne une quote part de ses biens, le testateur lègue à une autre personne le surplus, je ne verrais point dans cette disposition un legs universel, mais à titre universel.

Au contraire, si le testateur, après avoir fait des legs particuliers, ajoutait : « je lègue à Paul le surplus de mes biens, » ce serait un legs universel (1).

Une question très controversée est celle de savoir dans quelle classe l'on doit ranger le legs de l'usufruit de tous les biens fait à une personne, et le legs de la nue propriété fait à

---

(1) M. Zachariæ, §711, t. 5. M. Duranton, t. 9, n°s 186 et 187.

une autre. Y a-t-il dans cette disposition deux legs universels ou un legs universel, et un à titre universel, ou enfin un legs universel et un à titre particulier. Ces trois opinions sont soutenues. On est d'accord seulement pour voir dans le légataire de la nue propriété un légataire universel; mais dans quelle classe ranger le légataire de l'usufruit de tous les biens, c'est là que commence la controverse. Voyons d'abord quel peut être l'intérêt de la question.

La question n'offre pas d'intérêt, quant au payement des dettes; elle n'en présente pas non plus quant à la saisine. En effet, quelque parti que l'on adopte, l'on peut soutenir que le légataire de l'usufruit de tous les biens du défunt n'a pas la saisine; si en effet l'on dit qu'il n'est pas légataire universel, cela n'est pas douteux; que si, au contraire, l'on soutient que c'est un légataire universel, on n'en pourrait pas moins dire encore qu'il est privé de la saisine par suite de la présence du légataire de la nue propriété, qui doit l'avoir de préférence au légataire de l'usufruit.

Mais la question n'en reste pas moins intéressante en ce qui touche l'époque de l'acquisition des fruits. Si en effet on y voit un legs universel, le légataire qui aura formé sa demande dans l'année du décès du testateur, aura

droit aux fruits à partir de cette époque, faveur dont il ne jouirait pas, de l'avis de tous,
si l'on en faisait un legs particulier (1).

Dans une première opinion, on soutient que
le legs d'usufruit de tous les biens du défunt est
un legs universel ou à titre universel; l'on appuie ce système sur l'art. 612 du Code, qui qua-
lifie l'usufruitier de tous les biens ou d'une
quote part d'usufruitier universel ou à titre
universel. L'on invoque aussi l'art. 604, qui
porte : « Le retard de donner caution ne prive
pas l'usufruitier des fruits auxquels il peut
avoir droit; ils lui sont dus du moment où l'u-
sufruit a été ouvert. » On tire de cette dernière
proposition la conclusion que c'est que le legs
est universel. Enfin, on invoque la volonté probable du testateur; il est à croire, dit-on, que
quand un testateur lègue à sa femme l'usufruit
de tous ses biens, son intention est qu'elle
puisse jouir des fruits dès l'instant de sa mort;
que partant, le legs fait par le mari est un legs
universel. Enfin, l'on invoque les art. 610 du
Code Nap. et 942 du Code proc., qui appellent
légataire universel d'usufruit l'usufruitier de
tous les biens.

On répond à cette opinion : le legs par lequel

____

(1) Il est toutefois un légataire particulier qui gagne les
fruits dès la mort du testateur; ce cas se présenterait si un
testateur avait légué à l'un de ses débiteurs sa libération.

un testateur dispose de l'usufruit de tous ses biens est un legs d'usufruit universel, mais non un legs universel. Cela est si vrai, que l'usufruitier même universel ne paye pas la moindre fraction des dettes du défunt.

On arrête, en se reportant au jour du décès, le compte des créanciers de la succession, et l'on voit quelle somme est due tant en capital qu'en intérêts et l'on en fait le total. C'est cette somme totale formée de la réunion des capitaux, des intérêts et arrérages échus, qui constituent l'*œs alienum*, dont le défunt était débiteur au moment de sa mort. Il laisse tant d'a ctif et tant de passif (1), ce qui échéera postérieure-

---

(1) Cette réunion des intérêts et arrérag s échus aux capitaux qui les ont produits de manière à fair du tout un nouveau capi al plus considérable que le capi al primitif et l quel nouveau capital devient productif) d'intérêts à la charge de l'usufruitier, n'a pas lieu dans l'usufruit légal, des pères et mères sur les biens de leurs enfants. Le 3º de l'art. 383 m. t à la charge du père ou de la mère, usufruitier légal, le payement d s intérêts et arrérages des capitaux, ce qui signifie qu'ils doivent payer tous les intér s et arrérages qui étaient dûs par le défunt au moment de sa mort, et qu'ils doivent les acquitter comme charges inhérentes à l'usufruit que la loi leur accorde et sans pouvoir l s envisager comme une partie des dettes du défunt à la charge définitive de l'enfant héritier dont ils feraient seulement l'avance, et par conséquent dont ils auraient la répétition lors du compte qu'ils devront rendre à leur enfant. Autrement le 3º de l'art. 388 n'aurait aucun sens, car le 1º du même article, renvoyant aux charges de l'usufruit ordinaire, comprend l'obligation pour l'usufruitier d'acquitter tous les intérêts qui échéeront postérieurement au décès.

ment n'était pas dû par le défunt. Et, en effet, si on trouvait dans sa caisse somme suffisante pour payer à l'instant même tout ce que nous venons de dire, ce qui resterait formerait l'actif net, le véritable patrimoine du défunt. Si l'usufruitier veut avancer cette somme totale dont nous venons de parler, le capital lui en sera restitué à la fin de l'usufruit; enfin, si ni l'un ni l'autre des deux ne veut faire cette avance, l'on vend jusqu'à due concurrence une portion des biens soumis à l'usufruit (art. 612). D'où il suit que c'est le nu propriétaire qui paye tout le capital des dettes. Si cet usufruitier était légataire universel, il devrait bien contribuer aux dettes et ne pas se contenter des charges inhérentes à son usufruit. Si l'usufruitier est tenu de ces dernières charges, c'est qu'il ne saurait avoir une jouissance plus fructuaire que ne l'aurait le propriétaire. Or, le propriétaire jouissant en bon père de famille aurait dû prendre chaque année sur ses revenus pour payer les intérêts et arrérages de ses dettes et rentes, autrement il se mettrait dans la nécessité de diminuer son capital; d'ailleurs, le legs d'usufruit de tous les biens ne rentre aucunement dans la définition que l'art. 1,003 donne du legs universel.

Est-ce un legs à titre universel? Cette opinion, dit-on, n'est pas non plus admissible. Les formules que le Code donne des legs à titre universel (art. 1010), ne peuvent comprendre le legs d'usufruit; il faut donc décider qu'il est particulier et que l'art. 1014 lui est applicable. En conséquence, le légataire de l'usufruit soit de la totalité, soit d'une quote part de la succession, n'aura droit aux fruits qu'à compter de la demande en délivrance ou du jour où elle aura été volontairement consentie.

Si l'on oppose à cette décision l'art. 604, on répond que l'idée principale du rédacteur de cet article n'était pas de préciser l'époque à laquelle le légataire d'usufruit commençait à avoir droit aux fruits, mais seulement de nous dire que le retard de donner caution, retard souvent bien involontaire de la part de l'usufruitier, ne le privait pas des fruits auxquels il pouvait avoir droit, et les derniers mots de ce même article « ils lui sont dus du jour où son droit a été ouvert » ne doivent pas être pris isolément; il faut les rattacher à ce qui précède, les expliquer par l'idée principale, et en conséquence traduire l'article ainsi qu'il suit : « Le retard de donner caution ne prive pas l'usufruitier des fruits auxquels il peut avoir droit; ils lui sont dus comme s'il avait donné caution. »

On voit par là que l'article est complétement étranger à la question de l'époque à laquelle l'usufruitier, en vertu du testament, a droit aux fruits. La loi dit : en vertu d'un testament, car si l'usufruit avait été constitué par acte entre vifs, la nécessité de la demande préalable en délivrance ne serait pas exigée, l'article 1014 ne réglant que les dispositions testamentaires. Enfin, l'on répondrait à l'argument tiré de la prétendue volonté du testateur, que cette présomption est conjecturale, et que le testateur est parfaitement libre de s'expliquer sur ce point.

CHAPITRE II.

DE L'EFFET DU LEGS UNIVERSEL, AU POINT DE VUE DES DROITS QU'IL CONFÈRE AU LÉGATAIRE.

En supposant qu'un testateur ait fait un legs universel, conformément aux règles que nous venons de donner, demandons-nous quel sera l'effet de cette disposition, quant à la transmission de la propriété et à celle de la possession.

Comment se transmet la propriété par l'effet des dispositions testamentaires?

Si l'on pose cette question en droit romain,

il faut se rappeler que l'on distinguait les héritiers en héritiers siens et nécessaires, héritiers nécessaires et héritiers externes. Les héritiers des deux premières classes étaient héritiers bon gré, malgré, *sive volint, sive nolint.*

La propriété des choses de l'hérédité leur était transmise dès la mort du testateur, si l'institution était pure et simple, ou dès l'événement de la condition, si l'institution était conditionnelle; il s'en suivait que s'ils mouraient après cette époque, ils transmettaient à leurs propres héritiers l'hérédité pour laquelle eux-mêmes avaient été institués.

Les héritiers externes, au contraire, n'étaient héritiers qu'autant qu'ils le voulaient: pour qu'ils acquissent cette qualité, il fallait qu'ils en eussent manifesté l'intention, soit par une acceptation expresse ou tacitement, en faisant acte d'héritier (1). Jusque-là ils n'avaient qu'une espérance qu'ils pouvaient, il est vrai, confirmer en faisant adition, mais qui n'était pas encore un droit acquis; aussi s'ils mouraient avant l'adition, leur vocation à l'hérédité, pour laquelle ils étaient institués, ne passait pas à leurs propres héritiers. Il avait

______

(1) L'adition ou l'acte d'héritier leur faisait passer la propriété (L. 23, *de acq. vel. omitt. poss.*)

cependant été admis des exceptions à cette règle dans certains cas déterminés, où l'héritier externe transmettait à ses propres héritiers son droit à la succession, dont il n'avait pas encore fait adition, par exemple si l'institué était mort dans l'année de l'ouverture de la succession, sans avoir encore pris parti (Loi 19, au Code *de jure deliberandi*) ; de même encore si l'héritier institué était *infans*, et que l'adition n'eût pas été faite, il transmettait à son père, lui survivant, le droit de faire adition (Loi 18, § 1, au Code *de jure deliberandi*).

Sauf ces restrictions, l'on peut dire que la propriété des choses héréditaires n'était transmise que par l'adition faite par l'héritier, et que jusqu'à cette adition, l'héritier ne transmettait pas son droit à ses propres héritiers.

Nous avons vu jusqu'ici comment à Rome la propriété était transmise aux héritiers institués. Avant Justinien, l'acquisition par les légataires de la propriété des objets légués variait suivant les différents legs ; il y en avait de quatre espèces : Le legs *per vendicationem* emportait attribution au légataire de la propriété de l'objet légué ; les Sabiniens disaient que cette transmission de propriété avait lieu à partir de l'adition, les Proculéiens au contraire soutenaient que ce n'était qu'à partir du moment où le légataire avait eu connaissance du legs fait à son profit et qu'il consentait à l'accepter ; cette dernière opinion semble avoir prévalu dans un rescrit de l'empereur Antonin.

Quant aux trois autres espèces de legs, *per damnationem, per præceptionem, sinendi modo*, ils ne donnaient au légataire qu'un droit de créance, et la propriété des objets légués ne lui passait qu'autant qu'ils lui avaient été mancipés ou livrés suivant qu'ils étaient *res mancipi* ou *nec mancipi*, ou que le juge de l'action *familiæ erciscundæ* les lui ait adjugés, s'il s'agissait d'un legs *per præceptionem* (1). La loi première au Code *communia de legatis* supprima cette distinction, en décidant que de quelques expressions que le testateur se fût servi, la propriété serait directement transférée au légataire, et que celui-ci aurait la revendication, toutes les fois bien entendu que la nature de l'objet légué permettrait cette translation immédiate de la propriété. Je laisse de côté la question de savoir à partir de quel moment cette translation de propriété s'opérait ; cette question, sur laquelle les textes sont difficiles à concilier,

______

(1) On sait que les Sabiniens ne regardaient le legs *per præceptionem* comme valable qu'autant qu'il avait été fait à un cohéritier.

m'entraînerait hors de mon sujet ; qu'il me suffise de tenir pour certain que cette translation de propriété s'opérait par l'effet du legs, indépendamment de toute tradition ou adjudication. De même dans notre ancien droit, la translation de propriété en faveur du légataire s'opérait directement. « La propriété des choses léguées, nous dit Pothier (1), lorsque ce sont des corps certains dont le défunt est propriétaire lors de son décès, est transférée de plein droit par la vertu de la loi en la personne des légataires ou fidéicommissaires dès l'instant de l'ouverture du legs ou fidéicommis, et par conséquent dès l'instant de la mort du testateur, si c'est un legs qui n'étant suspendu par aucune condition est ouvert dès ce temps.

Néanmoins, la possession des choses léguées demeure par devers l'héritier. « Le légataire devenu héritier ne peut donc pas de lui-même s'en mettre en possession, il faut qu'il s'en

______

(1) (Introduction à la coutume d'Orléans. Donations et testaments n° 78.) — Quant à l'action en revendication donnée par Justinien à tous les légataires, Merlin nous dit que dans les pays de droit écrit, les légataires pouvaient l'intenter directement contre les tiers, même sans avoir besoin ni d'assigner l'héritier pour faire la délivrance ni de rapporter un acte de consentement de la part de l'héritier ; mais le légataire des pays de coutumes qui voulait intenter une action en revendication contre des tiers devait remplir l'une ou l'autre condition (Merlin, répert., v° *légataire*, § 8, n° 10).

fasse saisir. » Pothier, dans son *Traité des donations testamentaires*, section 2, § 2, déduisant les conséquences de ce principe, en conclut « que l'héritier ne peut aliéner les choses léguées, et que si l'héritage légué était grevé de quelque droit de servitude envers l'héritage voisin appartenant à l'héritier, ou que celui de l'héritier en fût chargé envers l'héritage légué, il ne se faisait aucune confusion de ces droits de servitude, l'héritage légué étant censé n'avoir jamais appartenu à l'héritier. » Ce que disait Pothier dans l'ancien droit, il faut le décider encore aujourd'hui.

Le légataire acquiert la propriété des objets compris dans son legs par la force de la vocation testamentaire, qui est à elle seule translative de propriété, que le légataire se trouve ou non en concours avec des héritiers réservataires. L'art. 711, en effet, l'énumère au nombre des moyens d'acquérir la propriété. Du principe que la propriété des choses héréditaires est transmise *ipso facto* au légataire, il résulte que, pourvu qu'il ait survécu d'un instant au testateur, et indépendamment de tout fait actif de sa part, il transmettra le legs à son propre héritier. Sans doute le légataire peut renoncer, et s'il renonce il sera réputé n'avoir jamais été propriétaire, mais cela tient à l'effet rétroactif que la loi a attaché à sa renonciation.

Du même principe que le légataire universel devient propriétaire dès la mort du défunt, il faut tirer cette autre conclusion que lors même que le légataire universel se trouverait en présence d'un héritier réservataire qui lui enlève la saisine de la possession, il n'en pourrait pas moins exercer l'action en revendication contre les tiers détenteurs des biens à lui légués, sans que ceux-ci puissent exciper contre lui de ce qu'il n'a pas reçu délivrance du réservataire. Notre ancien droit coutumier exigeait, à la vérité, que le légataire rapportât un consentement de l'héritier ou l'appelât en cause ; mais il est à croire que cette nécessité n'était imposée au légataire que dans ses rapports avec les réservataires. C'est ce que l'on peut conclure d'un arrêt du 12 novembre 1701 rapporté par Merlin.

Nonobstant cette décision, le légataire devra tenir compte à l'héritier réservataire des fruits qu'il a perçus jusqu'à la demande en délivrance. Cette restriction enlève à la question une partie de son intérêt (1).

----

(1) Je suppose que le testament dont il s'agit est par acte public, car autrement l'accomplissement des formalités prescrites par les art. 1007 et 1008, serait indispensable pour en constater la sincérité.

Comment le légataire universel acquiert la possession.

Nous n'avons parlé jusqu'ici que de la transmission de la propriété. La transmission de la possession ne doit pas être confondue avec elle; la loi 22, *proœmium, de acquirenda vel omittenda possessione*, établit d'une manière saillante la différence qui existe entre l'une et l'autre : « Adita quidem hereditate omnia jura « ad nos transeunt; possessio vero nisi natu- « raliter apprehensa ad nos pertinet. » De la dernière partie de cette loi résulte bien clairement que la transmission de la possession par l'effet de la loi était étrangère à la légis- lation romaine. Dans notre ancien droit, au contraire, nous voyons cette transmission de la possession s'opérer par l'effet de la loi.

L'art. 310 de la coutume de Bourgogne por- tait que « la possession est continuée de la personne morte à son propre hoir, combien qu'il ne l'ait encore prise corporellement, et est une chose qui est dit vulgairement, *mortuus saisit vivum et investit;* » et Dumoulin, déve- loppant la même règle, s'exprime ainsi : « Nota « quod effectus illius consuetudinis nihil aliud « est quam translatio possessionis a moriente « in ejus heredem, et sic est non nova nec alia

« sed identice et essentialiter eadem quæ et
« qualis erat apud defunctum in puncto mor-
« tis. » Tiraqueau rend la même idée par ces
expressions : « Mortuus facit vivum posses-
« sorem sine ulla apprehensione. »

Il semble résulter de ces expressions que la
saisine n'était relative qu'à la possession, qu'en
un mot elle n'était rien autre chose, sinon
l'attribution de la possession des choses héréditaires conférées à l'héritier avant qu'il les
eût appréhendées.

D'autres textes semblent donner au mot *saisine* une signification plus large et comprendre
sous cette expression la translation elle-même
de la propriété. Ainsi Loysel, *institutes* coutu-
mières, n° 317, semble distinguer deux saisines,
l'une de droit, l'autre de fait.

D'autres textes (1) encore emploient le mot
saisine comme synonyme de propriété, très fonds
font de la querelle seigneurie ; le mot *saisine*
est employé avec cette signification dans ce
passage du Grand Coutumier : « Qui succombe
en la nouvelleté peut intenter libelle sur simple
saisine, car il n'a pas perdu la saisine simplement; mais il en est reculé et débouté en tant

____

(1) Pierre Defontaine, ch. 14, § 4. Établissement II, 4. —
Beaumanoir, ch. 2, p. 37. — Artois, ch. 23, § 9. — Cités
par M. Klimrath, Revue de législ., t. 2.

que touche cette qualité de nouvelleté simplement, exemple : Un homme blanc se fait noir, mais pour ce ne perd pas la substance d'homme simplement, mais il perd simplement cette qualité de blancheur. Aussi celui qui a succombé n'a perdu que cette qualité de nouvelleté et peut intenter saisine laquelle il n'a pas perdu. » (Grand Coutumier, livre II, chap. 21.)

On pourrait conclure de ces différents textes que les anciens auteurs reconnaissaient deux saisines, l'une relative à la possession appelée saisine vraie de fait, l'autre relative à la propriété ou simple saisine de droit. Si l'on adoptait cette distinction, il faudrait dire que la saisine telle que l'entend Dumoulin n'est que la saisine de fait, et l'on devrait donner le nom de saisine de droit à la transmission de la propriété que nous avons étudiée précédemment.

L'origine de la saisine a donné lieu à diverses opinions. Certaines personnes la font descendre des lois des Germains. Ils en voient l'origine dans le droit de copropriété de la famille germaine ; peut-être est-il possible que cette idée de la copropriété de la famille n'ait pas été sans influence sur l'origine de notre saisine ; toujours est-il que dans les pays qui ont été imprégnés de l'élément germain, nous voyons la saisine jouer un grand rôle. Ainsi en Allemagne où, sous le nom de *gewre*, elle se plie à toutes les opérations juridiques, de même en Angleterre, on la voit tenir dans le droit une place considérable, surtout à l'époque où le droit romain n'avait point encore atténué les caractères germaniques de la législation. Le coutumier de Blacksctone en fournit la preuve. Chez nous, à l'époque franque, nous voyons la saisine exister déjà, mais c'est la réaction contre le système féodal qui semble avoir surtout contribué à son développement. Dans la désorganisation qui suivit l'invasion barbare, l'on voit un double phénomène se produire : disparition progressive de la petite propriété libre, et en même temps, et, comme conséquence de ce premier fait, combinaisons diverses de la propriété présentant un caractère commun d'asservissement et de vassalité ! Une de ces combinaisons était la censive.

La censive était le résultat : 1° de concessions de terres faites par le propriétaire moyennant un cens que le concessionnaire s'obligeait à lui payer ; 2° de l'abandon que de petits propriétaires faisaient de leur terre à des propriétaires puissants, lesquels leur laissaient cette terre à titre de censive et leur promettaient leur protection.

La censive, primitivement, n'était pas héréditaire. La mutation ne pouvait s'en faire sans le consentement du seigneur. Celui-ci, à chaque mutation, recevait un droit appelé *droit de lods et ventes*, et qui était proportionnel au prix si la mutation était entre vifs, droit de saisine si la mutation du censitaire avait lieu par suite de décès. L'ensaisinement des héritiers du premier censitaire était facultatif de la part du seigneur; mais peu à peu l'idée de l'ensaisinement obligatoire se fit admettre. Les légistes en arrivèrent à proclamer la maxime : « *le mort saisit le vif;* » dès lors l'ensaisinement du seigneur devint superflu. Cette maxime, introduite dans un but antiféodal, se généralisa dans notre droit. Le législateur accorde la saisine (1)

---

(1) Nous avons dit quel sens nos anciens auteurs attachaient à cette expression *saisine*; les uns, comme Dumoulin, n'y voyant que l'attribution de la possession, les autres distinguant entre la saisine de droit attributive de la propriété et la la saisine de fait emportant attribution de la possession. La question de savoir lequel de ces deux sens les rédacteurs du Code ont entendu donner au mot saisine est tout à fait indifférente à notre matière; si en effet on soutient qu'ils ont adopté le premier de ces deux sens et qu'ils n'y donnent d'effet que relativement à la possession, nous dirons que le légataire universel en concours avec les héritiers réservataires n'a pas la saisine; si au contraire l'on donne à la saisine un double effet et quant à la propriété et à la possession, et que l'on distingue la saisine de droit et la saisine de fait, nous dirons que le légataire universel en concours avec un héritier réservataire à la saisine de droit (les art. 711 et 1014 l'investissent en effet formellement de la propriété), mais qu'il n'a pas la saisine de fait.

au légataire universel, s'il ne se trouve pas en concours avec des héritiers réservataires.

Il en résulte que si un légataire universel n'est pas en présence d'héritiers à réserve, il pourra exercer *de plano* les actions possessoires alors même qu'il n'aurait appréhendé aucun des biens de la succession, mais pourvu, bien entendu, qu'en supposant le testateur encore vivant, ce dernier eût pu intenter ces actions. Si donc le testateur possédait un fonds avec les qualités nécessaires pour avoir les actions possessoires, mais que la condition de temps pour les exercer lui manquât, puis qu'il soit mort laissant un légataire universel, celui-ci pourra exercer les actions relatives à ce fonds, même avant d'en avoir pris possession, à la condition, toutefois, qu'en supposant le testateur encore vivant, sa possession se fût trouvée assez longue pour lui permettre de les exercer.

Que si, au contraire, le légataire universel était en concours avec des héritiers réservataires, le législateur se trouvait dans la nécessité de décider auquel de l'héritier du sang ou de celui appelé par la vocation de l'homme il donnerait la préférence, lequel des deux irait demander à l'autre la quotité à laquelle il a droit.

Sur cette question, la discussion fût vive au conseil d'État, entre les membres appartenant

aux provinces de droit écrit et ceux appartenant aux pays coutumiers. On s'en tira par une
transaction. L'art. 1004 donna la saisine à
l'héritier, mais l'art. 1006 vint donner au légataire une compensation que nous étudierons
plus loin.

Nous avons supposé jusqu'ici que l'héritier
réservataire en présence duquel se trouve le
légataire universel, est appelé à toute la succession *ab intestat*, mais que décider si en
l'absence de légataire universel, le réservataire n'eût point eu la succession entière, mais
qu'il n'en eût obtenu qu'une quote-part par
l'effet du concours d'un cohéritier, par exemple
si nous supposons que le testateur laissait pour
héritier *ab intestat* son père et un frère ? *Ab intestat* le père eût eu un quart, le frère les trois
autres quarts. A qui faut-il donner la saisine
et dans quelle proportion ? Il y a sur ce point
trois opinions : une première consiste à donner
au père la saisine de toute la succession ; le
père, dit-on, est réservataire, de plus le légataire universel concourt avec lui, l'on est donc
dans le cas de l'art. 1004 ; il faut en conséquence donner la saisine du tout au père. L'on
répond à ce système que l'idée de la loi paraît
avoir été que l'héritier réservataire ait la saisine des biens qu'il eût recueillis s'il n'y avait
pas eu de legs universel et que l'on ne saurait

en conséquence donner au père la saisine de tous les biens puisquil n'eût pu les recueillir *ab intestat.*

D'autres personnes soutiennent que le père aura la saisine du quart de la succession, le légataire universel celle des trois autres quarts; l'on répond à cette opinion qu'elle n'est pas conforme au texte de l'art. 1006 qui ne donne la saisine au légataire qu'autant qu'il n'y aurait pas d'héritier à réserve; de plus qu'elle est en opposition avec le motif qui a fait donner la saisine à l'héritier du sang par l'article 1004; que c'est, en effet, par respect pour cette qualité que la loi lui accorde la saisine; que ce serait donc violer l'esprit de la loi que de la donner en présence du père à un étranger avec lequel il se trouverait dans une indivision peut-être gênante et qui pourrait donner lieu à des contestations.

Un troisième système donne au père la saisine du quart et au frère celle des trois quarts, en sorte que si le légataire ne forme sa demande en délivrance qu'après l'année de la mort du testateur, le frère gardera les fruits échus depuis la mort du testateur jusqu'au moment de la demande en délivrance dans la proportion des trois quarts. Ce système s'appuie sur l'art. 1006 dont il respecte les termes; de plus il ne donne au père la saisine que de la part à laquelle il fût venu *ab intestat*; enfin, il n'expose pas le réservataire à se trouver avec un étranger dans une indivision pénible. L'on y peut objecter qu'il est étrange que le frère se trouve avoir droit à la saisine précisément à raison de la présence de son père qui *ab intestat* lui eût enlevé une partie de la succession.

Une autre question que l'on peut se poser sur cette matière, c'est celle de savoir comment il faudra traiter le légataire universel quand le testateur meurt laissant un parent réservataire qui se trouverait écarté de la succession *ab intestat* par un autre parent non réservataire; ce cas se présente si l'on suppose que le testateur a laissé un légataire universel, un ascendant du second degré et un frère.

Que décider en ce cas?

Trois opinions bien distinctes répondent dans des sens différents : dans un premier système, le légataire universel n'a pas la saisine; en effet, dit-on, si le testateur n'avait pas fait de legs universel le frère à la vérité fût venu seul à la succession; mais le testateur ayant institué un légataire universel, celui-ci a la saisine et écarte le frère. La vocation du frère étant effacée, celle de l'aïeul apparaît; l'aïeul, en sa qualité d'héritier réservataire, concourt avec le légataire universel et lui enlève la saisine. Cette doctrine est inadmissible et implique contradiction, puisqu'elle donne la saisine et vocation au tout au légataire universel pour écarter le frère, et puis lui retire l'une et l'autre quand il s'agit de faire venir l'aïeul. De plus il est inexact de dire que la vocation du frère disparaît par suite du legs universel; il n'est pas douteux en effet que si le légataire était indigne, le frère ne dût profiter de cette défaillance de son legs.

Dans un deuxième système (1) le légataire universel a la saisine. Lors même que le frère renoncerait, le légataire universel ne le garderait pas moins. Une telle renonciation serait inefficace car elle n'aurait pas d'objet. En conséquence elle ne saurait faire surgir le droit de l'aïeul à la réserve et partant priver le légataire universel et d'une fraction de son émolument et de la saisine. On peut répondre que ce système viole la règle contenue dans l'art. 785, en vertu de laquelle l'héritier renonçant est réputé n'avoir jamais été héritier.

De plus il n'est pas exact de dire que la renonciation faite par le frère serait sans objet, puisqu'elle le priverait de la chance qu'il a de profiter de la caducité du legs universel.

Un troisième système, qui est celui de la jurisprudence, laisse à l'art. 785 toute son efficacité.

---

(1) Ce système s'appuie encore sur la L. 20, pr. *de bonor. possess. cont. tab.*, Dig., qui paraît animée de la même pensée.

Si le frère reste héritier, le légataire universel a tout son legs et la saisine; quo si, au contraire, le frère renonce il sera réputé n'avoir jamais été héritier. L'aïeul viendra alors à la succession en qualité d'héritier réservataire, en sorte qu'en ce cas le légataire universel sera privé de la saisine. En vain objecterait-on que ce système peut donner lieu de la part du frère à une sorte de trafic que la loi ne saurait tolérer, qu'il pourra en effet dire au légataire: Donnez-moi tant ou je renonce, puis aller trouver l'aïeul et lui dire : Donnez moi tant ou je ne renonce pas, et mettre ainsi à l'enchère l'usage de son droit de renoncer. On peut répondre qu'il n'y a rien d'immoral dans cette prime que le frère se ferait donner par l'effet d'un droit à lui attribué par la loi (1); ce serait pour lui une compensation de la perte de la vocation légale que lui fait éprouver le testament. Nous venons de voir que quand le légataire universel se trouve en concours avec un héritier à réserve, la loi donne la saisine à ce dernier. Il s'ensuit que le légataire doit lui demander la délivrance de la quotité disponible (art. 1004).

---

(1) Affirmer en effet que les lois morales sont blessées de ce que le frère retire un bénéfice de sa renonciation, c'est supposer précisément ce qui est en question, car si la loi lui accorde le droit de annoncer, on ne saurait trouver immoral le bénéfice qu'il en retire.

En droit romain, cette délivrance n'était jamais nécessaire, la vocation de l'homme y faisant des héritiers que l'on mettait sur la même ligne que ceux du sang. Dans les pays coutumiers, au contraire, les légataires devaient toujours demander la délivrance; l'ordonnance de 1735 énonce aussi formellement, dans son art. 73 : « Dans les cas, » porte ce texte, « où les institutions d'héritier ne vaudront que comme legs universels ou comme legs particuliers, elles seront sujettes à délivrance (1). » Que faut-il décider, si l'on suppose que le légataire universel avait entre ses mains, au moment de la mort du testateur, les objets légués? Faut-il décider qu'ayant ces objets à sa disposition, il serait superflu pour lui d'en demander la délivrance, ou bien devons-nous dire au contraire qu'en ce cas la disposition de l'article 1004 doit être littéralement suivie? Je serais porté à penser qu'il faut distinguer ici à quel titre la chose se trouve entre les mains du légataire. S'il en avait la possession légale du vivant du défunt, en ce cas je déciderais que le légataire ayant la possession de son chef, par l'effet du legs dont il a été l'objet, il n'a rien à demander à l'héritier réservataire. Que si, au contraire, il n'était que simple détenteur, lo-

---

(1) Merlin, Répertoire, v° Légataire, § 8, n° 4.

cataire, par exemple, je dirais en ce cas qu'il doit demander la délivrance à l'héritier réservataire. En effet celui-ci, en vertu de la saisine (1) que la loi lui accorde, s'est trouvé possesseur légal des biens du défunt avant de les avoir appréhendés ; c'est là un avantage que ne saurait avoir le légataire par sa seule qualité de détenteur d'un objet appartenant au *de cujus*, et que la délivrance seule pourrait lui procurer. Si donc, bien qu'étant détenteur d'un fonds, il laisse s'écouler plus d'une année sans en demander la délivrance, il n'aura droit aux fruits qu'à partir du moment de cette demande ou de la délivrance qui lui aurait été volontairement consentie. Observons du reste que l'hypothèse où le légataire universel se trouverait en possession de son legs du vivant du testateur, se présentera fort rarement. Le testateur ne saurait affranchir son légataire en concours avec un héritier réservataire de la nécessité de demander la délivrance ; ce serait en effet enlever au réservataire la saisine. Or, il la tient de la loi comme accessoire de sa réserve, et il n'en saurait non plus être dépouillé par une disposition du testateur.

Le tribunal ne saurait *de plano*, par l'effet

______

(1) Celle de fait du moins, d'après une distinction faite plus haut.

d'un jugement, effectuer la délivrance ; ce qu'il peut faire, c'est de condamner l'héritier réservataire saisi à l'effectuer.

L'exécution volontaire du legs universel rendrait superflue la demande en délivrance ; il a même été jugé qu'il suffisait qu'un légataire fût depuis longtemps en possession des biens légués pour qu'on pût faire résulter de cette possession la preuve que la délivrance avait été volontairement consentie par l'héritier (1).

Quelles actions aura le légataire pour arriver à obtenir son legs ? Il aura d'abord l'action personnelle par laquelle il demandera au réservataire la délivrance ; de plus, de l'art. 711 qui lui donne la propriété, résulte pour lui l'action en revendication, qui lui permettra de poursuivre les objets du défunt dans toutes les mains où ils pourraient se trouver ; enfin l'art. 1017 donne aux légataires particuliers une hypothèque sur les biens du défunt pour obtenir la délivrance de leurs legs ; je ne vois pas de raison pour la refuser au légataire universel qui se trouve en concours avec un héritier réservataire. Cette hypothèque frappant sur la part d'immeubles qui forment la réserve de l'héritier assurera l'efficacité du recours que le légataire universel pourrait avoir contre l'héri-

---

(1) M. Zachariæ, t. 5, n° 718, note 2.

tier, parce que celui-ci ne se serait pas
acquitté des obligations de la délivrance; s'il
avait, par exemple, dissipé des objets mobiliers
que la saisine laissait entre ses mains.

DES DROITS DU LÉGATAIRE QUANT AUX FRUITS DE LA SUCCESSION.

Deux cas sont à prévoir : 1° le légataire qui
ne se trouve pas en concours avec un réservataire, venant à l'ensemble de la succession du
défunt, aura droit à tous les fruits produits par
l'hérédité aussi bien qu'à l'hérédité elle-même;
il se trouve investi en effet tout à la fois de la
propriété et de la possession par le fait seul de
la mort du défunt (art. 711 et 1005). Le testament qui lui donne vocation, fût-il d'ailleurs
olographe ou mystique, et lors même que le
légataire se trouverait par conséquent dans la
nécessité de demander au président du tribunal une ordonnance d'envoi en possession, le
droit du légataire n'en existerait pas moins.
Quant aux fruits nés et échus au moment de la
mort du testateur, mais non encore perçus par
lui, le légataire universel y aurait droit comme
aux autres biens du défunt dont il est appelé à
recueillir la totalité.

2° Il est possible à l'inverse que le légataire

universel se trouve en concours avec un héritier réservataire; il a été dit qu'en ce cas la
loi donne la saisine à ce dernier. Il semble
qu'alors il eût fallu décider que le réservataire,
se trouvant possesseur de bonne foi des biens
compris dans le legs, eût dû gagner tous les
fruits par lui perçus, jusqu'au moment de la
délivrance qu'il aurait consentie, ou jusqu'à la
demande formée par le légataire. Il est possible
que l'héritier ait ignoré l'existence du legs
universel fait par le *de cujus*. Se trouvant à la
tête d'une fortune qu'il a recueillie comme
sienne, il a augmenté ses dépenses en proportion; si quelqu'un doit subir une perte en ce
cas, ce ne saurait être l'héritier; il est plus
juste que ce soit le légataire. L'art. 1005 donne
cette décision quand le légataire universel n'a
formé sa demande en délivrance qu'après
l'année depuis la mort du testateur. Que si,
au contraire, le légataire universel a formé sa
demande dans l'année, en ce cas la loi lui donne
droit aux fruits, à partir de la mort du testateur; il faut voir dans cette dernière disposition le résultat de la controverse qui s'était
élevée sur l'art. 1004, et qui fut, nous l'avons
dit, terminée par une sorte de transaction.
L'héritier du sang eut la saisine; mais en compensation l'art. 1005 donna au légataire universel, qui aurait fait sa demande en délivrance

dans l'année, droit aux fruits dès la mort du testateur.

C'est dans cette idée de transaction qu'il faut chercher le motif de cette disposition ; il est donc inutile d'invoquer à cet effet la maxime *fructus augent hereditatem*, règle qui ne saurait avoir d'application dans notre droit en présence de l'art. 138. De plus, si le législateur avait entendu maintenir cette règle, l'on ne s'expliquerait pas qu'il n'eût point accordé au légataire universel en concours avec un héritier réservataire, les fruits, à partir de la mort du testateur, lors même que la demande en délivrance n'eût été par lui intentée qu'après l'année. Nonobstant la disposition de l'art. 1005, le légataire universel aurait droit aux fruits dès la mort du testateur, lors même que plus d'une année se serait écoulée depuis cette époque sans qu'il ait fait sa demande en délivrance, si c'était l'héritier réservataire qui eût tenu caché le testament. En effet, par ce fait, l'héritier eût empêché le légataire de se mettre à même d'acquérir les fruits dès la mort du testateur ; il lui eût causé par là un dommage ; le droit aux fruits accordé au légataire à partir de la mort du testateur en sera la réparation ; que si, à l'inverse, c'était le légataire universel qui eût tenu caché le testament, il faudrait décider, par application du même principe, que le légataire universel n'aurait plus droit aux fruits à partir de la mort du testateur, lors même que sa demande serait formée dans l'année; le légataire, en effet, causerait à son tour un préjudice au réservataire, puisqu'il est probable qu'en contemplation de cette fortune dont il se croyait assuré, il a augmenté ses dépenses (*laulius vixil*); la perte pour le légataire de la jouissance à laquelle il avait droit empêchera le réservataire d'éprouver ce préjudice.

Quand le testateur a ordonné dans son testament que son légataire universel ait droit aux fruits dès l'instant de sa mort, lors même qu'il n'eût fait sa demande en délivrance qu'après l'année, il semble qu'il faille les lui accorder, conformément à la volonté du défunt. L'article 1015 permet, en effet, au testateur d'imposer une semblable clause à un legs particulier; l'on peut en tirer un argument *a fortiori* pour le legs universel. Nous avons dit qu'un testateur ne saurait valablement dispenser son légataire de demander sa délivrance au réservataire. Toutefois, l'on s'est demandé si une semblable disposition ne devrait pas, du moins, avoir pour effet de donner au légataire la jouissance des objets légués à partir de la mort du testateur, indépendamment de l'époque de sa demande en délivrance.

Le testateur pouvait donner expressément

cette jouissance. Il semble que l'on doive adopter cette interprétation de volonté si aucun terme du testament n'y fait obstacle. Ce sera aux juges à décider si telle paraît avoir été bien réellement la volonté du testateur, ou si, en dispensant son légataire de demander la délivrance, le testateur n'avait pas en vue quelque autre idée.

Le Code ne s'occupe que de l'acquisition des fruits échus depuis la mort du testateur. Quant à ceux échus avant sa mort, il faut, dans le silence de la loi, en régler la dévolution d'après les principes généraux. Ces fruits appartenaient au testateur alors même qu'il ne les avait pas encore perçus; ils faisaient partie de l'universalité de ses biens au moment de son décès. Il en résulte que le légataire universel et le réservataire devront se les distribuer proportionnellement à la part que chacun d'eux doit recueillir dans la succession. Le réservataire ne saurait y prétendre exclusivement, se fondant sur ce qu'il les a perçus, lors même que le légataire universel n'aurait fait sa demande en délivrance qu'après l'année; car à proprement parler ce ne sont pas des fruits mais un capital que le réservataire ne saurait prétendre acquérir exclusivement en raison de la perception qu'il en a faite.

DE L'ENVOI EN POSSESSION DE L'ART. 1008.

La nature même du testament destiné à produire son effet après le décès de son auteur, rend possibles des fraudes qui ne seraient aucunement à redouter dans un acte sur lequel celui dont il émane pourrait fournir des explications. Cette idée, qu'il y avait lieu à veiller scrupuleusement à ce que la fraude ne supposât pas à une personne des dispositions testamentaires, ou ne dénaturât celles que le défunt pouvait avoir faites réellement, ne fut pas étrangère au droit romain. Le jurisconsulte Paul, dans le livre 4, tit. 6 de ses Sentences, nous en donne la preuve. Il y indique, en effet, les règles à suivre pour assurer la conservation des testaments. Ces sages précautions, adoptées par notre ancien droit, ont passé dans notre Code. Les art. 1007 et 1008 en sont l'application.

Les règles à suivre varient suivant que le testament a été fait par acte public, dans la forme mystique, ou qu'il est olographe. Si le testament a été fait par acte public, le notaire en a dû garder la minute, et cette minute en assure la conservation ; il suffit donc au légataire qui veut en demander l'exécution, de s'en faire délivrer une expédition. Ces testaments, en effet, sont exécutoires par eux-mêmes, indépendamment de toute autorisation de justice et de toutes autres formalités.

Quand le testament est olographe, la personne à laquelle l'a confié le testateur, ou, s'il l'a gardé entre ses mains, la personne qui le découvre après sa mort (art. 916, C. pr. civ.), doit le présenter au président du tribunal civil de l'arrondissement dans lequel la succession s'est ouverte ; celui-ci décachète le testament, en fait l'examen et dresse procès-verbal constatant la présentation du testament qui lui a été faite, et l'état dans lequel il l'a trouvé ; puis il commet un notaire chez lequel le testament devra être déposé.

Que si le testament était dans la forme mystique, il faudrait remplir les mêmes formalités que pour le testament olographe ; seulement, en ce cas, on exige que le notaire (1) et les témoins qui ont signé l'acte de suscription soient présents à l'ouverture de ce testament, ou du moins aient été convoqués à cet effet (article 1007). Ces formalités sont suffisantes pour rendre exécutoire le testament olographe ou mystique, quand il contient des legs particu-

---

(1) C'est à tort que l'art. 1007 parle de deux notaires, l'article 976 en effet n'exige qu'un notaire pour la validité du testament mystique.

liers, à titre universel, ou même universels, pourvu qu'en ce dernier cas, le légataire universel concoure avec des héritiers à réserve. Que si, au contraire, le légataire universel ne se trouve pas en concours avec des réservataires, et doit, par conséquent, obtenir la saisine, en ce cas, l'art. 1008 vient exiger une condition de plus : le légataire universel devra de nouveau s'adresser au président du tribunal, lui présenter une requête à laquelle il joindra l'acte de dépôt constatant que les formalités prescrites par l'art. 1007 ont été remplies. Le président, après avoir pris connaissance de cette requête, s'il trouve qu'il y a lieu d'y faire droit, rendra une ordonnance qu'il mettra au bas de la requête ; cette ordonnance donnera au testament la force exécutoire. C'est là ce que l'art. 1008 appelle l'envoi en possession.

Cet envoi en possession le président devrait le refuser s'il s'élevait dans son esprit des doutes sérieux sur la validité de la vocation du prétendu légataire, par exemple, si les héritiers du sang soutenaient que l'écriture n'émane pas du défunt, ou s'il apprenait qu'il y a un héritier à réserve dont l'existence était jusque-là ignorée ; de même, s'il lui apparaissait, au seul examen du testament, qu'il ne contient pas un legs universel ou qu'il est infecté d'un vice de forme évident ; par exemple, si le testament étant fait dans la forme olographe ne contenait pas de date. Quant aux questions de validité au fond, ou de nullité fondée sur des défauts intrinsèques, par exemple sur le défaut de capacité dans la personne du testateur ou du légataire, le président du tribunal doit y rester étranger ; en effet, ces questions, c'est au tribunal entier qu'il appartiendra de les juger si un procès s'engage par la suite ; en conséquence, l'allégation qu'un héritier du sang ferait de l'existence de l'une de ces nullités ne pourrait empêcher le président du tribunal d'accorder au légataire l'envoi en possession. Du reste, nonobstant l'envoi en possession prononcé par le président du tribunal, les héritiers du sang n'en pourraient pas moins requérir valablement tous actes conservatoires de leurs droits éventuels ; en sorte que l'envoi en possession prononcé par le président du Tribunal ne saurait porter une grave atteinte à leurs intérêts (art. 909-1°, C. pr. civ.).

On pourrait croire, au premier abord, que la disposition de l'art. 1008 a pour effet d'enlever la saisine au légataire universel qui tire sa vocation d'un testament olographe ou mystique, lors même qu'il ne se trouve pas en concours avec un héritier réservataire.

La saisine a pour effet, nous l'avons dit, d'attribuer à une personne la possession des choses héréditaires avant qu'elle ne les ait appréhendées. Il s'ensuit que l'art. 1008 n'y porte point atteinte, puisqu'il subordonne seul, à la condition préalable de l'envoi en possession, l'appréhension matérielle indépendamment de laquelle a lieu la saisine. De plus, par le renvoi qu'il fait à l'art. 1006, l'art. 1008 suppose que le légataire universel venant en vertu d'un testament olographe ou mystique a bien la saisine ; d'où je tirerais la conséquence qu'il a droit aux fruits à partir de la mort du testateur, quand même sa demande d'envoi en possession n'aurait été faite qu'après l'année. La prescription contenue dans l'art. 1008, à l'effet de sauvegarder les intérêts des héritiers du sang contre les entreprises du premier venu qui se présenterait porteur d'un prétendu testament olographe ou mystique, n'est qu'une nécessité de preuve de laquelle le législateur, à mon avis, n'a point voulu faire découler des effets juridiques quant à l'acquisition des fruits. Du reste, les textes même font bien ressortir la différence de situation du légataire universel en concours avec un héritier réservataire privé de la saisine, et celle du légataire universel qui, venant en vertu d'un testament olographe ou mystique, ne rencontre pas de réservataire. Le premier devra faire une demande en délivrance (art. 1004), et le réservataire récalcitrant y sera condamné par un jugement; au contraire, dans le deuxième cas, il suffira d'une simple requête et d'une ordonnance du président; enfin, en ce dernier cas, le président du tribunal n'est pas obligé d'appeler en cause les héritiers *ab intestat*, il prononce directement l'envoi en possession; tandis que dans l'hypothèse prévue par l'art. 1006, quand le légataire universel n'a pas la saisine, le tribunal ne peut prononcer la délivrance directement; il peut condamner seulement l'héritier réservataire à l'exécuter.

CHAPITRE III.

DE L'EFFET DU LEGS UNIVERSEL AU POINT DE VUE DU PASSIF DE LA SUCCESSION.

Nous avons vu les effets du legs universel au point de vue actif, quels droits il confère à celui au profit duquel il est fait, demandons-nous maintenant quels sont ses effets au point de vue passif, c'est-à-dire quelles obligations il impose au légataire (1)?

---

(1) Il est nécessaire de se reporter pour en étudier les règles aux art. 870, 871 et 873 dont le rapprochement avec l'art. 1000 est indispensable. Ce n'est pas que je veuille étudier tout au long les règles sur l'acquittement des charges des

Nous savons qu'à Rome, et avant 1789 dans nos provinces de droit écrit, l'héritier institué continuait la personne du défunt, et en conséquence était investi de toutes ses actions actives et passives. Dans nos pays coutumiers, le légataire succédant aux biens mais non à la personne, n'était tenu des dettes qu'en vertu de la maxime : *Bona non intelliguntur nisi deducto œre alieno.* Il y a lieu de se demander laquelle de ces deux règles a passé dans notre Code. En conséquence, recherchons comment le légataire universel pourra être poursuivi par les créanciers du défunt, soit qu'il ait les biens tout entiers, soit que la présence d'un héritier réservataire lui en enlève une quoto-part. Dans cette dernière hypothèse, comment se fera la répartition du fardeau des charges héréditaires entre l'héritier à réserve et le légataire universel ; enfin, par qui seront acquittés les legs ! Ces diverses questions seront l'objet de ce chapitre.

Les légataires universels sont-ils tenus *ultra vires ?* Une première opinion que la Cour de cassation a adoptée et qui paraît gagner du

successions, un pareil sujet entraînerait l'étude de toute une section des plus importantes du Code; il comprendrait toutes les questions de partage et de garantie de lots et de séparations des patrimoines, ce serait un traité tout entier que les bornes de mon travail me défendent d'entreprendre.

terrain chaque jour consiste à assimiler le légataire universel à un héritier ordinaire et à décider en conséquence qu'il pourra être poursuivi par les créanciers *ultra vires*, à moins qu'il n'ait accepté sous bénéfice d'inventaire; que s'il est en concours avec un héritier réservataire et que celui-ci lui ait délivré la quote-part qui lui revient les dettes se divisent entre eux, l'héritier ne pourra être poursuivi que pour sa part et le légataire pour la sienne, celui-ci restant toujours tenu dans cette proportion *in infinitum*. Les partisans de cette première opinion invoquent à l'appui les articles 1009 et 1012 portant que les légataires universels ou à titre universel sont tenus des dettes et charges de la succession personnellement pour leur part et portion. Donc, disent-ils, le législateur a voulu mettre sur la même ligne les légataires universels et les héritiers du sang, et en conséquence on doit décider que le légataire est tenu *ultra vires* et que s'il y a un héritier à réserve en concours avec le légataire quand cet héritier à réserve a fait au légataire délivrance de ce qui lui revient, il ne peut être poursuivi que pour sa part.

De plus, dit-on, l'art. 873 porte que les héritiers sont tenus de payer le tout hypothécairement.

On invoque aussi les art. 1002 et 967 comme

abrogeant la règle coutumière : « Institution d'héritier n'a pas lieu en France. » Enfin, l'on dit qu'il y aurait injustice à laisser le réservataire exposé seul aux poursuites des créanciers héréditaires, alors qu'il ne doit recueillir qu'une fraction de l'actif, que son recours contre le légataire universel ne serait pas une sauvegarde suffisante ; cas auquel l'héritier supporterait définitivement toutes les dettes de la succession.

Une deuxième opinion, qui a aussi de nombreux partisans, fait dépendre la question de savoir si le légataire universel est tenu *ultra vires* de la circonstance qu'il a ou non la saisine. Dans cette opinion, les rédacteurs du Code se trouvant en présence de la législation coutumière, qui ne voyait dans les légataires qu'un successeur aux biens, et du droit romain, qui tenait les institués pour représentants de la personne, aurait adopté un système mixte, attachant une corrélation nécessaire entre les deux idées de saisine et de représentation du défunt. Si donc le légataire universel se trouve en présence d'héritiers réservataires, comme il n'a point la saisine, il n'est point non plus réputé tenu *ultra vires*. Les créanciers héréditaires pourront, en conséquence, poursuivre l'héritier réservataire pour le tout, sauf son recours contre le légataire, recours qui, bien entendu, ne saurait dépasser l'émolument par lui retiré de sa vocation testamentaire. Si, au contraire, le légataire n'étant point en concours avec un héritier réservataire a la saisine, il devra être traité comme un véritable héritier, comme un successeur à la personne, être tenu, même *ultra vires*, à moins qu'il n'ait accepté sous bénéfice d'inventaire. Ce serait pour lui la conséquence de la saisine que la loi lui donne.

Enfin, un troisième système consiste à ne voir jamais dans les légataires universels, saisis ou non saisis, que des successeurs aux biens, des détenteurs de masse, tenus des dettes en vertu de la maxime : *bona non intelliguntur nisi deducto ære alieno;* mais ne pouvant jamais être poursuivis *ultra vires.* Que s'ils se trouvent en concours avec des héritiers à réserve, ceux-ci n'en continuent pas moins à représenter le défunt, et pour le tout, à l'égard des créanciers héréditaires. C'était là le système de Pothier; il est à croire que les rédacteurs du Code ont voulu le maintenir. L'art. 1002, du reste, fournit un argument décisif ; c'est la coutume de Paris qui a été copiée. Or, il n'est pas probable que les rédacteurs du Code eussent employé les mêmes mots s'ils eussent voulu exprimer une idée nouvelle.

Les travaux préparatoires du conseil d'État

confirment encore cette opinion ; ils nous disent en effet que la présentation de l'art. 1002 au Tribunat fut accompagnée des paroles suivantes : « Il faut, tout en laissant subsister la dénomination d'institution d'héritier, qui est en si grand usage, annoncer en même temps que tous les effets attachés par la loi romaine au titre d'héritier, sont entièrement effacés (1). »

Avec ce commentaire, l'art. 1002 est très-significatif. Il n'a pas évidemment voulu faire monter les légataires au rang des héritiers institués des pays de droit écrit ; il a, au contraire, fait descendre ceux-ci à la condition de légataires. Et si les rédacteurs du Code n'ont pas accentué davantage leur pensée dans les articles 1002 et 1009, cela tient à ce qu'imbus des idées de Pothier et de la coutume de Paris sur cette matière, ils supposaient que, rapportant les propres termes de cette dernière, leur intention ne pouvait prêter à équivoque.

La même pensée paraît du reste avoir dicté les art. 870 et 871. Après avoir fixé dans l'article 870 qu'entre cohéritiers la contribution doit être déterminée par une règle de proportion, le législateur ajoute dans l'art. 871 que les légataires ne contribuent avec les héritiers qu'au prorata de leur émolument, c'est-à-dire

---

(1) Locré, tome V, p. 323.

non dans la proportion de la quote-part abstraite qu'ils sont appelés à recueillir, mais dans celle de la valeur effective de cette quote-part. Ce que l'art. 871 nous dit de la contribution, il faut le dire *a fortiori* de l'obligation. Il serait étrange en effet que la loi eût donné aux créanciers héréditaires le droit de poursuivre *ultra vires* les légataires, alors qu'elle veut expressément que ceux-ci, dans leurs rapports avec les héritiers, ne soient tenus qu'*intra vires*. Le seul motif par lequel cette restriction puisse s'expliquer, c'est que les légataires ne représentant pas la personne du défunt, et n'étant tenus de ses dettes qu'en qualité de successeurs universels aux biens, ils ne peuvent y être soumis que jusqu'à concurrence des biens qu'ils recueillent; or, le motif existant tout aussi bien quant aux créanciers que relativement aux héritiers *ab intestat*, la position des légataires doit être la même à l'égard des uns et des autres.

Occupons-nous maintenant des arguments sur lesquels s'appuient les opinions que j'ai citées plus haut. Les art. 1009 et 1012 donnent à la vérité une action aux créanciers héréditaires contre les légataires universels ou à titre universels. Il ne s'ensuit pas forcément que les créanciers héréditaires n'aient plus le droit de poursuivre les héritiers pour le tout. Cette action contre les légataires était déjà accordée aux créanciers héréditaires (1) par l'art. 334 de la coutume de Paris, ainsi conçu : « Et s'ils sont donataires ou légataires, ils sont tenus à contribuer au payement des dettes chacun pour telle part et portion qu'ils en amendent. »

Nonobstant cette disposition, l'héritier n'en pouvait pas moins être poursuivi pour le tout, sauf son recours contre le légataire. Les articles 1009 et 1012 ont reproduit cette disposition. L'on ne saurait lui donner un sens autre que celui que l'ancien droit y attachait. L'art. 1009 donne aux créanciers héréditaires la faculté de poursuivre le légataire universel mis en possession de son legs, faculté qu'il n'avait pas avant la délivrance, mais il ne saurait avoir pour effet de le priver du droit de poursuivre pour le tout l'héritier réservataire.

____

(1) Dans notre ancienne jurisprudence, on avait longtemps soutenu que les créanciers héréditaires n'avaient pas d'action directe et personnelle contre les légataires, et de plus que ceux-ci n'étaient pas même exposés au recours des héritiers à l'effet de contribuer aux charges de la succession. Cependant on avait fini par admettre que les légataires universels devaient subir une réduction proportionnelle sur leurs legs à raison des dettes et charges héréditaires, en vertu de la maxime : « *Non sunt bona nisi deducto œre alieno.* » En conséquence on les fit contribuer aux dettes avec les héritiers. Ce fut dans cet esprit que fut rédigé l'art. 334 de la nouvelle coutume de Paris.

Le mot *personnellement* qui se trouve dans l'art. 1009, peut s'expliquer par le désir du législateur de bien mettre en relief le cas où le légataire est poursuivi hypothécairement. L'explication est assez naturelle et bien préférable surtout à celle qui aurait pour effet de renverser toutes les règles de notre ancienne législation. Quant à l'art. 873 il ne saurait avoir la portée qu'on prétend lui donner ; il suppose plusieurs cohéritiers réservataires en concours avec le légataire universel, et l'on peut dire que les mots *part virile* (1) qu'il oppose à l'obligation hypothécaire pour le tout dont l'un deux peut être tenu, ne se réfèrent qu'aux seuls héritiers.

Enfin on peut répondre au reproche qu'il y

---

(1) Les mots *part virile* doivent être entendus dans le sens de *part héréditaire*. Nous trouvons dans l'art. 1475 ces expressions disparates *part virile* et *héréditaire*. Une loi de 1791 contient cette même bigarrure d'expressions. Ces mots étaient employés jadis par les praticiens et s'expliquent par l'ancien droit. On sait que dans nos coutumes l'on recherchait l'origine des biens pour en fixer la dévolution. Certains héritiers succédaient aux propres, d'autres aux acquêts, d'autres aux meubles. L'émolument que chacun d'eux retirait de sa vocation pouvait n'apparaître qu'à la suite d'une liquidation souvent longue ; il eut été dur pour les créanciers héréditaires de devoir attendre jusque-là, aussi on leur permettait même pendant cet intervalle de poursuivre les héritiers, sans égard à l'émolument, mais tous pour des parts égal s, *pro numero virorum*, c'est de là qu'est venu l'expression *part virile*; puis venait la contribution.

aurait injustice à laisser le réservataire exposé seul aux poursuites des créanciers héréditaires, ce qui lui ferait courir la chance de l'insolvabilité des légataires : que les héritiers peuvent se soustraire à ce danger en exigeant des légataires, avant de leur délivrer leurs legs, l'acquittement de leur part contributoire dans les dettes ou des sûretés suffisantes pour en assurer le recouvrement ; en conséquence il faut écarter le système qui aurait pour effet de réputer le légataire, qui vient seul, pour tenu *ultra vires*, et de décider que, quand il est en concours avec un héritier réservataire, cet héritier ne peut être actionné que pour la part qui lui revient.

Le deuxième système, qui prétend établir une corrélation nécessaire entre les deux idées de saisine et de représentation du défunt par le légataire, ne paraît pas non plus satisfaisant. Le légataire saisi peut se mettre en possession des biens du défunt sans en faire la demande aux héritiers ; mais comment supposer que le législateur ait attaché à cette circonstance la conséquence que le légataire est tenu *ultra vires*. Que tous les héritiers qui représentent le défunt soient saisis, je n'ai garde de le nier, mais la réciproque ne saurait être admise. L'article 1022 permet en effet au testateur de donner la saisine du mobilier à son exécuteur testamentaire, et néanmoins celui-ci incontestablement ne représente pas le défunt. Enfin une observation qui s'applique également aux deux systèmes que je combats, c'est que si le législateur avait voulu que les légataires universels fussent obligés *ultra vires*, et que partant il y eût lieu pour eux d'accepter sous bénéfice d'inventaire, il eût parlé du légataire universel dans les articles qui traitent de ce bénéfice. Or, dans toute la section qu'il y consacre, le mot légataire universel n'est même pas prononcé. Ce silence du législateur semble significatif. Par ces différents motifs je m'en tiens au système qui était celui de Pothier dans l'ancien droit, et que les rédacteurs du Code me paraissent avoir voulu maintenir, système qui ne voit jamais dans les légataires des représentants du défunt, qui ne permet en conséquence, de les poursuivre qu'*intra vires* (1), et qui, dans

---

(1) Lors même qu'ils n'ont pas accepté sous bénéfice d'inventaire, dès qu'ils peuvent dire: voilà ce que prends, ils ne sauraient être poursuivis au-delà; il leur suffit donc, pour être à l'abri de toute recherche, de faire constater par un inventaire le *quantum* de ce qu'ils recueillent. Dans notre ancien droit, Ricard soutenait que même à défaut de cet inventaire, le légataire universel pouvait prétendre ne payer les dettes que jusqu'à concurrence de ce qu'il amendait, mais il était seul de son avis: tous les auteurs exigeaient, pour que le légataire universel pût demander à ne payer les dettes qu'*intra vires*, qu'il eût fait au préalable cet inventaire. Le défaut d'inventaire eût fait supposer la fraude.

lé cas où le légataire se trouve en concours avec des héritiers réservataires, autorise les créanciers de la succession à poursuivre ces derniers pour le tout. On s'explique du reste sans peine la différence que ce système établit entre la vocation de l'homme et la voction de la loi. Cette différence tient à la nature des choses : la mort d'un parent donne non seulement la vocation légale à son propre patrimoine, mais lève les obstacles, qui résultaient de son existence, à l'acquisition d'autres successions. Dans la qualité de membre de la famille il y a donc une vocation bien plus étendue que dans la qualité d'appelé par une disposition de l'homme. De plus, le bien de la famille établit une sorte de solidarité morale entre les membres qui la composent.

Il y a pour l'héritier du sang honneur à désintéresser intégralement les créanciers de son auteur; il n'en saurait être de même pour l'étranger appelé par testament. Ces idées avaient jadis sur les esprits une bien plus grande inflence qu'elles n'ont aujourd'hui. Cette influence justifie parfaitement la distinction que le législateur a établie entre l'héritier du sang représentant de la personne et le légataire universel qui succède aux biens. Dans la tendance générale aujourd'hui, qui cherche à les mettre sur la même ligne, tendance dont la jurisprudence de la cour de cassation est la manifestation irrésistible, il faut voir, à mon avis, l'indice du changement des mœurs et des idées depuis la rédaction du Code.

Dans l'opinion qui admet que le légataire universel ne peut être poursuivi qu'*intra vires*, il y a lieu de se demander s'il pourrait être poursuivi, dans cette mesure, sur ses propres biens, ou sur ceux-là seulement qu'il recueille par l'effet de son legs. Le Code ne s'explique pas formellement sur ce point; peut-être est-il permis d'appuyer la première opinion sur les termes de l'art. 1009, qui dit que le légataire universel est tenu personnellement. Or, qui dit tenu personnellement dit tenu sur ses biens propres; de plus, l'art. 802 dit positivement que l'héritier bénéficiaire, qui n'est tenu qu'*intra vires*, ne peut être poursuivi que sur ses propres biens. Si le législateur le dit formellement en cet article, c'est que le bénéfice de n'être tenu qu'*intra vires* n'entraîne pas comme conséquence, pour celui qui l'obtient, de ne pouvoir être poursuivi sur ses propres biens. Donc, pour qu'une personne jouisse de cette faveur, il faut que le législateur la lui accorde formellement; or, il n'en a point parlé à propos du légataire universel (1).

---

(1) Toutefois, à cet argument *a contrario*, on pourrait opposer l'argument *a simili*.

Le légataire universel peut-il invoquer le bénéfice d'inventaire? Dans l'opinion de ceux qui tiennent le légataire pour tenu des dettes *ultra vires*, comme un héritier, il n'est pas douteux que ce bénéfice ne doive lui être accordé. Que si, réputant le légataire tenu *intra vires*, on permet aux créanciers héréditaires de le poursuivre sur ses propres biens, le bénéfice d'inventaire lui serait encore utile à l'effet de limiter aux biens de la succession la poursuite des créanciers héréditaires. Aucun article du Code ne donne au légataire le pouvoir d'accepter sous bénéfice d'inventaire, il semble qu'il y ait lieu de suppléer sur ce point au silence de la loi. Il serait, en effet, singulier que la loi, qui traite le légataire universel, relativement au payement des dettes, plus favorablement que l'héritier ordinaire, puisqu'elle ne l'oblige pas *ultra vires* aux dettes du *de cujus*, se montre, d'un autre côté, plus rigoureuse à son égard en ne lui donnant pas le bénéfice, qu'elle accorde à l'héritier, de restreindre, au moyen du bénéfice d'inventaire, les poursuites des créanciers aux biens seuls de la succession.

Comment les dettes doivent être définitivement supportées par les légataires universels dans leurs rapports avec les héritiers à réserve? — Il est possible que le légataire universel et l'héritier réservataire qui se trouve en concours avec lui aient payé les dettes du défunt dans une proportion différente de celle pour laquelle chacun d'eux devait y contribuer. Il en serait ainsi si l'on suppose que les créanciers héréditaires ont profité de la faveur que la loi leur accorde, à notre avis, de pouvoir poursuivre pour le tout l'héritier réservataire, sans avoir à diviser leur action entre lui et le légataire universel. Le même résultat pourrait se produire lors même que les créanciers héréditaires ne jouiraient pas de cette faveur. Il se peut, en effet, que le défunt fût tenu d'une dette indivisible, ou qu'il y eût dans la succession un immeuble grevé d'hypothèque, lequel a été mis dans le lot de l'un des copartageants (1). Celui dans le lot duquel il se trouvera sera exposé à ce que le créancier vienne lui dire : *aut cede, aut solve;* que ce soit le légataire universel qui

---

(1) Tel est le sens des expressions de l'art. 873 *et hypothécairement pour le tout;* il prévoit le cas d'une hypothèque consentie par le défunt. En comparant les art. 873 et 1221, 1° on peut se convaincre que l'idée du législateur dans cet article était de montrer une exception au principe de la divisibilité des dettes entre les cohéritiers en proportion de leur part héréditaire, mais que le sens de cette disposition n'était point qu'un héritier puisse être poursuivi pour la totalité d'une dette chirographaire provenant du chef du défunt, lors même qu'il serait détenteur d'immeubles héréditaires et qu'il eût été condamné à payer cette dette pour sa part et portion et hypothécairement pour le tout. Une pareille condamnation emporterait hypothèque judiciaire à la vérité sur

l'ait dans son lot ou, au contraire, l'héritier à réserve, il sera dans l'alternative, ou de délaisser ou de payer intégralement. Que, s'il paye, il aura un recours contre son copartageant, afin que celui-ci l'indemnise de ce qu'il a déboursé au-delà de la part pour laquelle il devait contribuer aux dettes. Entre l'héritier à réserve et le légataire universel, la proportion dans laquelle chacun d'eux doit contribuer au payement des dettes, est fixée par l'art. 871. L'émolument que le légataire universel retire des biens du défunt, telle est la limite dans laquelle l'héritier à réserve peut recourir contre le légataire universel; car ce n'est que dans cette limite que ce dernier doit contribuer aux charges de la succession.

Par qui et comment les legs doivent être acquittés.

Posons tout d'abord en principe que, soit

---

tous les immeubles de l'héritier, mais elle n'aurait d'effet que pour la part pour laquelle l'héritier condamné était personnellement tenu dans la dette. C'est, en effet, comme créancier du défunt et non de l'héritier que le créancier qui l'a actionné a obtenu jugement contre lui, car, comme le disait Lebrun, *des Successions*, l. v°, ch. 2, sect. 1re, n° 12, *in fine*; ceux qui sont simples créanciers chirographaires lors de la mort de leur débiteur ne peuvent jamais devenir créanciers hypothécaires de la succession, mais seulement de son héritier. Zachariæ, t. 4, n° 628.

que le défunt ait fait dans son testament un legs universel, soit qu'au contraire il n'en ait pas fait, et qu'en conséquence ce soit l'héritier du sang qui soit tenu d'acquitter tous les autres legs, l'un et l'autre ne seront jamais tenus qu'*intra vires successionis*. Les anciens auteurs étaient d'accord sur ce point que les legs ne se payaient que sur les biens, déduction faite des dettes; l'art. 724 dit à la vérité que les héritiers saisis sont tenus de toutes les dettes et charges de la succession, mais dans ce mot *charges* les legs ne sont pas compris; l'art. 1009 établit entre ces deux expressions une sorte d'antithèse; de plus, s'il restait quelque doute à ce sujet, il suffirait de se reporter à l'art. 893 qui permet de disposer par testament de ses biens, mais qui n'autorise aucunement un testateur à disposer des biens de son héritier; de plus, l'article 802 donne au bénéfice d'inventaire l'effet de soustraire l'héritier à l'obligation d'acquitter les dettes *ultra vires*, et ne parle pas des legs, preuve que de droit commun l'héritier n'est pas tenu des legs *ultra vires*; enfin, l'art. 1423, *in fine*, fournit un argument non moins décisif. Cela posé, en supposant un légataire universel en concours avec un héritier à réserve, demandons-nous si le testateur a fait d'autres legs à titre universel ou particulier; jusqu'à quelle concurrence ces derniers legs devront être acquittés. La seconde partie de l'art. 1009 répond à cette question : « Il (le légataire universel en concours avec un héritier réservataire) sera tenu d'acquitter tous les legs, sauf le cas de réduction, ainsi qu'il est expliqué aux art. 926 et 927. »

Cette disposition semble au premier abord inexplicable et impliquer contradiction.

Elle paraît en effet poser une règle et y ajouter une exception qui la détruit complètement. La règle se trouve dans l'art. 1009, qui veut que le légataire universel en concours avec un réservataire paye tous les legs, sauf le cas de réduction, ainsi qu'il est expliqué à l'art. 926. Or, l'art. 926 décide que, quand il y a lieu à réduction, tous les legs doivent être réduits proportionnellement. Dans notre hypothèse, le légataire est réduit, puisqu'il se rencontre des héritiers à réserve. Or, s'il est réduit, il fera subir une réduction proportionnelle aux autres légataires, donc il ne les payera pas tous. Comment concilier ces deux dispositions qui semblent se contredire ? La solution de cette difficulté a donné lieu à plusieurs systèmes.

Dans une première opinion, on dit que cette difficulté sera levée si l'on trouve un légataire universel concourant avec un héritier à réserve et qui pourtant ne soit pas réduit ; car alors il n'y aura pas lieu à l'application de l'art. 926 et le légataire universel devra acquitter intégralement tous les legs. Or, dit-on, on rencontre cette hypothèse si l'on suppose que j'ai fait un legs du disponible, et que je laisse des héritiers à réserve en même temps que des légataires à titre universel ou particulier. En effet, le légataire du disponible est légataire universel, puisqu'il a vocation au tout, pour le cas où je ne laisserais pas d'héritier. On s'appuie encore sur l'art. 1010 qui porte que le legs est à titre universel, quand le testateur lègue une quotepart de ce dont la loi lui permet de disposer ; donc quand le testateur lègue tout ce dont il pouvait disposer, il fait un legs universel. Ainsi voilà un légataire universel, qui, bien que rencontrant des héritiers à réserve n'est pas réduit, car il obtient tout ce qui lui avait été légué ; donc, il ne pourra pas faire subir de réduction aux autres légataires. On peut répondre à ces arguments que sans doute le legs du disponible qui donne vocation au tout, est un legs universel ; mais pour être logique, si la vocation n'est pas à titre d'hérédité, et c'est ce qui se présente quand il y a des héritiers à réserve, il n'y a pas de legs universel. En nous reportant à ce qui a été dit précédemment, un semblable legs est pour le moment indéterminé dans sa nature, c'est un legs universel, mais sous condition ; c'est l'évènement futur, la qualité des héritiers au jour du décès du testateur qui déterminera s'il est universel ou à titre universel. Le système qui, dès à présent, veut voir dans ce legs un legs universel ne paraît pas parfaitement bien d'accord avec lui-même; en effet ce legs ne peut être universel que parce qu'il contient vocation à toute l'hérédité, la disposition, l'attribution de tout le patrimoine; or, lorsqu'il y a un héritier à réserve, le légataire n'obtient pas la totalité, l'exécution ne correspond pas à la vocation, la disposition était du total, l'exécution n'est que partielle : donc il éprouve une réduction, donc il peut en faire éprouver une aux autres légataires. Si l'on dit qu'il n'est pas réduit parce qu'on lui avait légué le disponible et qu'il obtient ce disponible, l'on peut répondre : donc on ne lui avait pas légué le tout puisqu'il n'obtient pas le tout.

Un second système donne à la deuxième partie de l'art. 1009 : « il sera tenu d'acquitter tous les legs » une autre signification. Le mot *tous* ne signifie pas là *intégralement*. Le législateur ne l'a employé que parce qu'il voulait mettre en antithèse la marche à suivre pour le payement des legs avec ce qu'il venait de dire pour le payement des dettes. Le légataire universel doit payer celles-ci pour une fraction : « il sera tenu personnellement pour sa part et portion et hypothécairement pour le tout. »

Quant aux legs, ils restent à sa charge exclusive ; tel est le sens de ces expressions, « il doit acquitter tous les legs. » Les réservataires, en effet,
ne peuvent parler de leur réserve à l'égard des
créanciers du défunt, tandis qu'ils peuvent très
bien l'invoquer contre des légataires. La loi, en
effet, permet aux défunts de se ruiner, pourvu
que ce ne soit pas en libéralités préjudiciables
à ceux auxquels la loi assure une certaine
portion de l'hérédité. En conséquence, l'unité
qui doit servir au payement des dettes, c'est
toute la succession ; l'unité qui doit servir au
payement des legs, c'est la quotité disponible
seulement. Les héritiers réduits à leur réserve
doivent partant rester complétement étrangers
à l'acquittement de ces derniers. Le sens de la
seconde partie de l'art. 1009 serait donc celui-
ci : « Le légataire universel devra payer tout
ce qui devra être acquitté dans les legs. » Mais
dans quelle mesure, dans quelle proportion ?
l'art. 1009 y répond par le renvoi qu'il fait aux
deux art. 926 et 927. Le renvoi à ces deux articles est très significatif : c'est tout à la fois
signaler la règle et l'exception. En effet, si le
testateur n'a indiqué aucune cause de préférence entre les légataires, tous les legs universels, à titre universel ou particulier, doivent
subir s'il y a lieu une réduction proportionnelle, sans aucune distinction (art. 926).

Si au contraire le testateur a manifesté l'intention que tel legs fût acquitté de préférence aux autres, sa volonté qui est ici la loi suprême recevra son exécution, et le legs ainsi favorisé sera pleinement exécuté sur la quotité disponible, et il ne sera lui-même réduit qu'autant que, pour son exécution pleine et entière, il faudrait prendre sur la réserve, ce que la loi ne permet pas. Il est possible que le légataire en concours avec un réservataire ne se trouve avoir que fort peu de chose et peut-être même rien du tout, bien que les autres légataires obtiennent leurs legs en entier, ou du moins dans une certaine proportion; mais en ce cas le légataire universel ne saurait s'en plaindre, car il en serait ainsi lors même qu'il ne se trouverait pas en présence d'un réservataire; par exemple, si me croyant une fortune de 300,000 francs, alors que j'en ai seulement 100,000 fr. je lègue 100,000 fr. à Primus, 100,000 fr. à Secundus, et puis j'institue Tertius mon légataire universel; bien que je n'aie pas d'héritier à réserve, Tertius néanmoins n'aura rien retiré absolument de la disposition que j'avais faite en sa faveur, en sorte qu'il n'aura été qu'un exécuteur testamentaire. Il en serait de même si le patrimoine avait été vendu 200,000 fr. que s'il avait été vendu 210,000 fr.; le légataire universel aurait eu 10,000 fr.

Supposons maintenant que je laisse un héritier réservataire, un fils par exemple : si les biens sont estimés 200,000 fr., la réserve étant de 100,000 fr., les legs doivent être réduits de moitié. S'il n'y avait point eu d'héritier réservataire, le légataire universel n'aurait rien eu ; il n'aura rien non plus dans ce cas, chacun des autres legs qui était de 100,000 fr. sera réduit à 50,000 fr. Que si supposant encore qu'il y a pour réservataire un fils et que le patrimoine fût de 210,000 fr., il faudra faire le même raisonnement, et en conséquence le légataire universel aura 5,000 fr., moitié de ce qu'il aurait eu s'il n'y avait pas eu de réservataire ; chacun des autres légataires aura 50,000 fr. Il en faut conclure que le légataire universel, en présence d'héritiers réservataires, n'aura rien s'il n'eût rien obtenu, quand même il n'y aurait pas eu de réservataires. Que si au contraire il eût pu obtenir quelque chose en l'absence de réservataires, leur présence ne le dépouillera pas complétement, parce que la réserve ne doit pas se prendre seulement au détriment du légataire universel, mais être supportée par tous les légataires proportionnellement.

POSITIONS.

DROIT ROMAIN.

I. L'hypothèse prévue par la loi 35 est-elle la même que celle prévue par la loi 78 pr. *de hered. inst.*, Dig.? — Non.

II. En supposant qu'un déporté ait été institué, qui profitait de la nullité de cette institution? Était-ce le fisc ou ceux auxquels la présence du déporté eût fait obstacle s'il s'était trouvé capable? — C'étaient ces derniers.

III. Peut-on concilier les lois 40 et 41, Dig. et la loi 3 au Code *de hered. inst.*? — Oui.

IV. Le second chef de la loi Velleia eut-il pour effet de permettre d'éviter la rupture du testament par le passage des petits-enfants de la puissance médiate sous la puissance immédiate du testateur entre la confection du testament et le décès du testateur, soit à l'aide d'une institution, soit à l'aide d'une exhérédation? —Oui.

V. Y a-t-il antinomie entre la loi 47 et la loi 78, § 2, *de hered. inst.*, Dig.? — Oui.

VI. Peut-on concilier la loi 38 pr. et la loi 95, § 6, *de solutionibus*, Dig. ? — Non.

VII. Y a-t-il antinomie entre les lois 38, § 1er, *de solutionibus*, 37, § 6, *de acq. rer. dom.*, et la loi 3, § 13, *de don. inter vir. et uxor*. Dig. ? — Oui.

VIII. Le § 2 de la loi 95 *de solutionibus* comporte-t-il la correction de Cujas, remplaçant les mots *in solidum* par *in solutum ?* — Non.

DROIT FRANÇAIS.

I. Le légataire universel est-il jamais tenu des dettes *ultra vires ?* — Non.

II. Les créanciers héréditaires peuvent-ils poursuivre pour le tout l'héritier à réserve qui se trouve en concours avec un légataire universel ? — Oui.

III. Si le testateur laisse un frère et un ascendant du second degré, le légataire universel est-il saisi ? — Oui.

IV. Un héritier renonçant peut-il invoquer sa réserve par voie de rétention ? — Non.

V. L'immeuble donné conjointement à deux époux mariés sous le régime de la communauté légale tombe-t-il dans la communauté ? — Non.

VI. Les créanciers qui veulent faire révoquer la renonciation de leur débiteur à une succession, doivent-ils prouver la fraude? — Non.

VII. La dot mobilière est-elle inaliénable? — Non.

DROIT COMMERCIAL.

I. Le voiturier perd-t-il son privilége par cela seul qu'il s'est dessaisi de la chose voiturée? — Non.

II. L'autorisation de justice peut-elle suppléer à l'autorisation maritale, à l'effet de donner à la femme la qualité de commerçante? — Non.

DROIT PÉNAL.

I. Le cumul a-t-lieu en matière de simple police? — Oui.

II. L'interdit en vertu de l'art. 29 du Code pénal peut-il contracter un mariage valable? — Oui.

HISTOIRE DU DROIT.

I. Quelle est l'origine des propres? — Elle est féodale.

II. Quelle est l'origine de la censive ? — Elle est romaine et féodale.

DROIT DES GENS.

I. Le Français qui se trouve à l'étranger peut-il valablement tester devant le chancelier du consulat ? — Oui.

II. La succession mobilière laissée en France par un étranger, doit-elle être régie par la loi française? — Oui.

Vu par le Président de la thèse,
BRAVARD.

Vu par le Doyen,
C.-A. PELLAT.

Permis d'imprimer :
Pour le Vice-Recteur, empêché,
L'Inspecteur de l'Académie,
DELELLE.

TABLE DES MATIÈRES.

INTRODUCTION.

DROIT ROMAIN.

CHAPITRE Ier.

Pages.

De l'institution d'héritier en elle-même............... 5
De la forme de l'institution......................... 5
De le place que l'institution devait occuper dans le testament... 10

CHAPITRE II.

Quelles personnes pouvaient être instituées............ 11

SECTION Ire.

Des incapacités d'être institué....................... 12

SECTION II.

Des incapacités de recueillir......................... 29

SECTION III.

Résultat de l'institution d'un incapable............... 32

SECTION IV.

Pages.

Institution des esclaves.................................... 41
Des esclaves propres du testateur...................... 42
Des esclaves communs..................................... 53
Des esclaves d'autrui...................................... 57
Des esclaves d'une hérédité jacente..................... 59
Des captifs et de leurs esclaves......................... 61
De l'esclave grevé d'usufruit............................ 62

SECTION V.

A quel moment la capacité était requise dans la personne
    de l'institué.. 65

CHAPITRE III.

Des modalités de l'institution............................ 67
    § 1er. — De la cause................................. 67

SECTION II.

Institutions *ex die* ou *ad diem*...................... 68

SECTION III.

Institutions *ex re certa*................................ 70

SECTION IV.

Intitutions avec assignations de parts.................. 84

SECTION V.

Institutions conditionnelles.............................. 85
Des conditions impossibles ou immorales................ 87
Des conditions qui invalidaient l'institution même à la-
    quelle elles étaient ajoutées et de l'institution du fils de
    famille... 90

CHAPITRE IV.

Pages.

Partage de la succession................................ 97
Des héritiers conjoints ou disjoints.................... 98
De l'accroissement..................................... 105

DROIT FRANÇAIS.

PRÉLIMINAIRES.

Du legs universel...................................... 128

CHAPITRE Ier.

Quels legs sont universels............................. 128
Que faut-il entendre par legs universel................ 129

CHAPITRE II.

De l'effet du legs universel au point de vue des droits
qu'il confère au légataire............................. 139
Comment se transmet la propriété par l'effet des disposi-
sitions testamentaires................................. 139
Comment le légataire universel acquiert la possession.. 146
Des droits du légataire quant aux fruits de la succession. 160
De l'envoi en possession de l'art. 1008................ 165

CHAPITRE III.

De l'effet du legs universel au point de vue du passif de
la succession.. 170
Par qui et comment les legs doivent être acquittés..... 185
Positions.. 193